Inhaltsverzeichnis

Vorwort **2**
Vorbemerkungen und Arbeitshinweise **3**

Bildungsbereiche:

- Literacy 6
- Musik 19
- Ästhetische Erziehung 25
- Umwelt-, Sach- und Naturbegegnung 34
- Gesundheit und Ernährung 39
- Mathematische Bildung 42
- Feste und Feiern 45
- Wahrnehmung und Entspannung 47
- Körpererfahrung und Bewegung 52
- Sozialerfahrungen 55

Vorwort

Liebe Kollegen*innen,

Bilderbücher gehören zu den wertvollsten Materialien, die im Kindergarten eingesetzt werden können. Um Bücher intensiv und mit allen Sinnen zu erleben, begleite ich die Geschichten gern mit unterschiedlichen Angeboten. Ich erlebe immer wieder, wie wirkungsvoll ein Buch die Kinder anspricht und in seinen Bann zieht, wenn es mit verschiedenen Aktionen begleitet wird.

„Zilly, die Zauberin“ eignet sich besonders gut für den Einsatz im Kindergarten, da die Themen „Zauberei“ und „Farben“ bei Kindern großen Anklang finden. Auch sind die Zuhörer bis zum Ende des Buches aufmerksam und gespannt, ob für den Kater Zingaro denn eine Lösung gefunden wird, damit er nicht mehr unglücklich ist. Auf den Bildern entdecken die Kinder viele Details und werden so zum freien Sprechen und Erzählen eingeladen.

Diese Mappe habe ich für Kinder ab 2 Jahren entwickelt. Viele der Ideen können auch noch im Grundschulbereich gut eingesetzt werden.

Das Projekt bietet abwechslungsreiche Aktionen und Materialien, die den Inhalt der Geschichte aufgreifen. Die zahlreichen Angebote unterstützen die Kinder in unterschiedlichen Bildungsbereichen und wecken vor allem das Interesse an Bilderbüchern.

Ich wünsche Ihnen und Ihren Kindern nun viel Freude mit dem Literacy-Projekt „Zilly, die Zauberin“ aus der Reihe Zilly und Zingaro!

Tanja Weber

***Hinweis:**
Aus Gründen der besseren Lesbarkeit wird im Folgenden auf eine sprachliche Differenzierung der Geschlechterbezeichnungen verzichtet. Da die Erzieher*innen in Kindertagesstätten zumeist weiblich sind, haben wir uns hier für die weibliche Form entschieden. Selbstverständlich sind stets alle Geschlechter angesprochen.

Vorbemerkungen und Arbeitshinweise

Zu den verwendeten Symbolen

Bildungsbereiche (jeweils das äußerste Symbol oben rechts auf den Arbeitsblättern):

 Literacy

 Musik

 Ästhetische Erziehung

 Umwelt-, Sach- und Naturbegegnung

 Gesundheit und Ernährung

 Mathematische Bildung

 Feste und Feiern

 Wahrnehmung und Entspannung

 Körpererfahrung und Bewegung

 Sozialerfahrungen

Sonstige Symbole:

 für unter 3-Jährige geeignet

 geeignet für die Begabtenförderung

Layout:

- Die Seiten mit der **Katze** im Layout unten rechts sind für die Erzieherin gedacht.

- Die Seiten mit der **Hexe** unten rechts sind Arbeitsblätter, die direkt mit den Kindern bearbeitet werden können.

Allgemeine Hinweise zur Organisation und Durchführung

Was ist Literacy?

Der Begriff Literacy umfasst neben der Lese- und Schreibkompetenz auch die Erfahrungen mit Texten, mit deren Sinn, der Grammatik, mit der Artikulation und dem Wortschatz.

Die Auseinandersetzung mit Bilderbüchern im Kleinkindalter ist deshalb so wichtig, da hier Dinge wie Textverständnis, Abstraktionsfähigkeit, Ausdauer, Konzentration und Merkfähigkeit trainiert werden, die im Schulalltag eine große Rolle spielen. Darüber hinaus weisen Kinder mit einer umfangreichen Leseerfahrung eine wesentlich höhere Schreib- und Lesekompetenz auf als andere. Sie lernen schneller und leichter, können sich deutlich besser ausdrücken und sich exakter mitteilen. Außerdem kann man Kindergartenkinder durch das Vorlesen schon früh für Bücher begeistern und das Interesse für späteres Selbst-Lesen wecken.

Aus diesen Gründen ist Literacy ein fester Bestandteil der pädagogischen Arbeit geworden. Pädagogische Fachkräfte werden aufgefordert, den Kindern literarische Angebote zu machen, die zu Hause oft zu kurz kommen oder gar fehlen. Außerdem sollten Sie Kinder und Eltern motivieren, sich auch außerhalb des Kindergartens mit Literatur auseinanderzusetzen.

Literacy kann über Bilderbuchbetrachtungen, das freie Erzählen, Vorlesen und Nachspielen vermittelt werden.

Tipps zum Vorlesen:

- Sorgen Sie für eine gemütliche Leserunde. Achten Sie darauf, dass die Kinder nicht durch zu viele andere Reize abgelenkt werden.
- Beim Vorlesen sollten die Bildseiten für alle Zuhörer gut sichtbar sein.
- Um Kinder zum aktiven Zuhören zu bewegen, müssen Sie ihre volle Aufmerksamkeit gewinnen: Lesen Sie in unterschiedlichen Stimmlagen (je nach Buchfigur) und mit verschiedenen Emotionen, bauen Sie Geräusche wie Klopfen oder Stampfen ein, fesseln Sie die Kinder mit übertriebener Mimik und lassen Sie Geräusche von den Kindern nachahmen.
- Bringen Sie Spielgegenstände, Stoffe und passendes Material zum Buch mit ein. So wird die Geschichte von den Kindern noch lebendiger erlebt.
- Machen Sie beim Lesen immer wieder Pausen, damit die Kinder die Bilder intensiv betrachten können.
- Regen Sie durch Fragen, die sich auf das Buch oder auf das eigene Leben der Kinder beziehen, immer wieder das Gespräch an. Greifen Sie auch spontane Gedanken der Kinder auf.

Projektmaterial und Raumgestaltung

Das Bilderbuch und die Gegenstände (z. B. Handpuppen, Kuscheltiere, Spielfiguren, Gebasteltes, Tücher, Puppenhausmöbel ...), die uns während des Projektes begleiten, sollten in einem Geschichtenkoffer, auf einem Erzähltisch oder einer gestalteten Fensterbank zum Freispiel zur Verfügung gestellt werden. Dort kann auch ein Projektordner, der mit der Zeit mit Arbeitsblättern, Malvorlagen, Spielen etc. gefüllt wird, ausgelegt werden.

Portfolio oder Gemeinschaftsbuch

Die Kinder können ihre ausgefüllten Arbeitsblätter ebenso wie Bilder und Fotos von dem Projekt in einem eigenen Ordner abheften. Am Ende des Projektes nimmt jedes Kind dann seine schönen Erinnerungen mit nach Hause.
Alternativ können Sie mit den Kindern auch ein gemeinsames großes Buch zusammenstellen, in dem neben den einzelnen „Produkten" der Kinder auch Gemeinschaftsarbeiten gesammelt werden. Dieses Buch kann auch nach Abschluss des Projektes noch längere Zeit im Kindergarten bleiben. Die Kinder können es von Zeit zu Zeit hervorholen und anschauen. Am Ende des Kindergartenjahres nimmt dann jedes Kind seine eigenen Werke mit nach Hause.

Tipps und Anregungen zu den Bildungsbereichen und einzelnen Angeboten

Sprachförderung

Unter anderem werden mit diesem Projekt die Feinmotorik, der Wortschatz und die auditive Wahrnehmung gefördert. Die jeweiligen Lernziele finden Sie direkt bei den einzelnen Angeboten. Sorgen Sie oft für Sprechanlässe und signalisieren Sie durch Rückmeldung oder Nachfragen den Kindern Ihr Interesse. Korrigieren Sie die Kinder nur, indem Sie fehlerhafte Sätze noch einmal richtig wiederholen und nicht direkt auf den Fehler hinweisen. Wenn Sie erzählen oder vorlesen, achten Sie auf die Betonung und Deutlichkeit Ihrer Worte. Setzen Sie auch gezielt Ihre Mimik und Gestik ein. Halten Sie Blickkontakt zu den Kindern, um ihnen Ihr Interesse zu zeigen und um ihre Aufmerksamkeit zu erhalten.

Musikalische Bildung

Alle Lieder lassen sich leicht mit den Kindern gemeinsam singen. Ich habe Melodien bekannter Kinderlieder gewählt, damit sie vorher nicht lange eingeübt werden müssen und die Kinder sie ebenso wie die Erwachsenen schnell lernen. Sie können verschiedene Orffinstrumente einsetzen, die das Rhythmusempfinden fördern. Stehen Ihnen nicht genügend Instrumente für alle Kinder zur Verfügung, so können Sie diese nur an jedes zweite oder dritte Kind verteilen. In der nächsten Strophe können die Instrumente dann reihum weitergereicht werden.

Im Teamplay lernen die kleinen Musiker, gegenseitig aufeinander zu achten. Sie agieren also nicht nur für sich allein, sondern spielen gemeinsam mit anderen Kindern dieselben Rhythmen. Außerdem müssen sie aufpassen, wann ihr Einsatz ist, wenn gerade eine andere Kindergruppe auf den Instrumenten spielt.
Alle Lieder lassen sich auch als Verse sprechen.

Ästhetische Erziehung
In der Projektmappe finden Sie Vorschläge zu Basteltechniken mit unterschiedlichen Materialien.
Bevor die Kinder mit dem Basteln beginnen, kann ihnen gern ein fertiges „Endprodukt" gezeigt werden, damit sie eine Vorstellung von den jeweiligen Arbeitsschritten bekommen. Die Vorlage muss dann aber wieder beiseitegelegt werden, da Kinder diese gerne nachahmen und auf diese Weise verhindert wird, dass die Kinder ihre eigenen, ganz individuellen Werke gestalten.

Kleine Farbenlehre
Die drei **Grundfarben,** auch Primärfarben oder Ausgangsfarben genannt, sind Rot, Gelb und Blau. Sie lassen sich nicht durch Mischung herstellen.
Sekundärfarben sind Mischfarben, die aus zwei Grundfarben erzeugt werden:
Rot + Gelb = Orange, Gelb + Blau = Grün,
Blau + Rot = Violett (Kinder sagen eher „Lila".)
Schwarz und Weiß sind unbunte Grundfarben. Mit ihnen werden Farben aufgehellt oder abgedunkelt. So entsteht zum Beispiel aus Rot und Weiß ein Pink, das durch weitere Zugabe von Weiß ein Rosa wird.
Zu den sogenannten warmen Farben gehören Rot, Gelb und Orange, zu den kalten Farben Grün, Blau und Violett.
Tertiärfarben werden aus je einer Primärfarbe und einer Sekundärfarbe gemischt, zum Beispiel Rotorange oder Blaugrün.

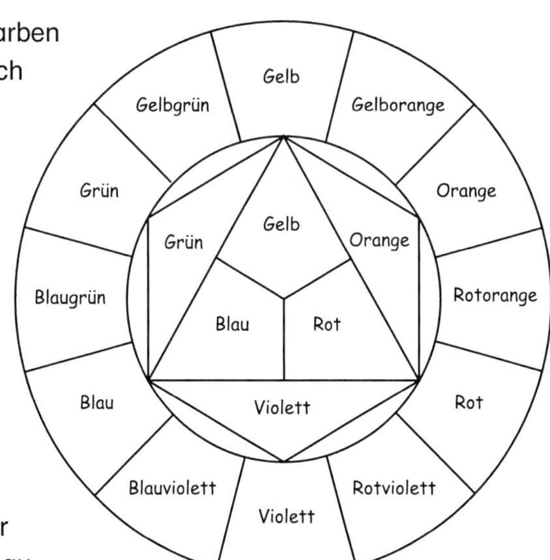

Komplementärfarben liegen einander im Farbkreis direkt gegenüber.
Sie können den Sehsinn überreizen – der Kontrast von Rot und Grün, Blau und Orange oder Lila und Gelb wirkt oft unangenehm, verstärkt aber die Leuchtkraft. Im Bilderbuch „Zilly, die Zauberin" ist dieser Effekt gut zu sehen: Auf der neunten Doppelseite, nachdem Zingaro bunt gezaubert wurde, leuchtet er sehr kräftig, weil seine Beine lila und der Körper gelb sind.
Wann Kinder Grundfarben oder Mischfarben benennen können, ist nicht vom Alter abhängig. Einige Kinder können schon mit zwei Jahren mehrere Farben erkennen und benennen, andere erst mit fünf Jahren.

Zu den Rezepten im Bereich „Gesundheit und Ernährung", ab S. 39:
Auf Seite 41 finden Sie Bilder mit allen Zutaten und Haushaltsgeräten, die bei den Rezepten verwendet werden, sowie Pfeile, mit deren Hilfe Sie die Rezepte als großes Plakat gestalten können. Vergrößern Sie die entsprechenden Zeichnungen auf dem Kopierer und kleben Sie diese auf ein DIN-A3-Blatt. Die Zeichnungen können auch je Rezept auf ein DIN-A4-Blatt geklebt und in einem Schnellhefter gesammelt werden. So entsteht eine Bild-Rezepte-Mappe für die Kinder.
Achtung: Bitte achten Sie bei den Rezepten auf eventuelle Lebensmittelunverträglichkeiten der Kinder!

Zu „Zähle mit Zilly", S. 44:
Zählen Sie als Einstieg gemeinsam mit den Kindern die Finger beider Hände ab. Halten sie dann unterschiedlich viele Finger hoch und lassen die Kinder antworten, wie viele es sind. Nun sollen die Kinder auf dem Arbeitsblatt Zillys „Zählhände" mit den richtigen Zahlen verbinden. In den freien Feldern wird die Zahlenreihe weitergeschrieben.

Bilderbuchbetrachtung – Einführung in das Projekt (ab 2 Jahren)

Material:
Bilderbuch, Sitzkissen, Kuscheltier-Katze, Zauberstab, Tücher in verschiedenen Farben, Hexenhut, Möbel aus dem Puppenhaus, Baum aus Hartplastik oder Holz

Vorbereitung:
Sie sollten so sitzen, dass alle Kinder einen guten Blick auf das Bilderbuch haben.
Sitzen die Kinder in einem gemütlichen Kreis auf dem Boden um Sie herum, können alle am besten schauen. Je reizärmer die Umgebung ist, desto mehr Aufmerksamkeit schenken die Kinder dem Buch.

Arbeitsanleitung:
Sie sollten den Text des Buches bereits gut kennen, das erleichtert Ihnen ein freies Vorlesen mit Erzählcharakter. Weitere Tipps für das Vorlesen finden Sie in den Vorbemerkungen auf Seite 4.
Zeigen Sie den Kindern zunächst das Bilderbuch. Warten Sie ab, ob einige sich dazu äußern, vielleicht ist die Geschichte auch manchen Kindern bereits bekannt.
Regen Sie mit gezielten Fragen, die sich auf das Buch oder auf das eigene Leben der Kinder beziehen, ein Gespräch an:

- Zingaro fühlt sich so kunterbunt ganz lächerlich. Die Vögel verspotten ihn. War euch auch schon einmal etwas peinlich?
- Wurdet ihr auch schon ausgelacht? Wie habt ihr euch dabei gefühlt?
- Gibt es bei euch zu Hause auch einen Dachboden voll mit ungenutzten Sachen? Was liegt dort alles?
- Bestimmt hängen in eurem Zuhause auch Bilder an den Wänden. Was ist darauf zu sehen?

Greifen Sie auch spontane Einwände und Äußerungen der Kinder auf. Dann können Sie die Kinder das Erlebte vertiefen lassen, indem diese sich zum Beispiel an einem Geschichtentisch frei mit dem Gehörten auseinandersetzen. Oder stellen Sie das Spielmaterial für Rollenspiele zur Verfügung. Das Buch sollte jederzeit für die Kinder griffbereit sein.

Zum Abschluss können Sie die Neugierde auf den kommenden Tag wecken, indem Sie Lieder ansingen oder von geplanten Spielen oder Bastelaktionen erzählen.

Wiederholen Sie die Geschichte am Folgetag, indem Sie den Kindern die Bilder zeigen und nur einzelne Textpassagen vorlesen. Animieren Sie die Kinder, die Geschichte mit eigenen Worten wiederzugeben.
Hier können Tipps gegeben oder Fragen gestellt werden:

- Warum ist es ein Problem, dass Zingaro in dem schwarzen Haus auch ganz schwarz ist?
- Welche Idee hat Zilly, damit Zingaro nicht mehr so unglücklich ist?
- Kann Zilly den schwarzen Zingaro sehen, wenn seine Augen geöffnet sind?
- Weshalb purzelt Zilly in den Rosenbusch?
- Warum lachen die Vögel den Kater Zingaro aus?

Alternativ können Sie auch nur das Spielmaterial an die Kinder verteilen, bevor Sie das Buch hervorholen. Je nach Buchseite werden die Materialien spielerisch mit einbezogen und dann in die Kreismitte gelegt.

Reimgedicht: Wo ist der Zauberstab? (ab 3 Jahren)

Arbeitsanleitung:
Erzählen Sie den Kindern, dass Zilly mal wieder ihren Zauberstab verlegt hat. Dann lesen Sie das Gedicht entweder in der Gruppe oder einzelnen Kindern vor. Das Reimwort am Ende jeder Zeile soll dabei von den Kindern erraten werden. Das Gedicht kann auch gemeinsam gesungen werden (s. S. 23).

Zilly hält's im Kopf nicht aus, sie sucht im ganzen Hexen- …	-haus.
Zilly kratzt sich wild am Kopf, er ist auch nicht im Suppen- …	-topf.
Der Stab liegt nicht auf Zillys Sessel, er schwimmt auch nicht im Zauber- …	-kessel.
Er steckt auch nicht im Hexenhut, Zilly packt jetzt schon die …	Wut.
Sie schaut in den Gartenschlauch und auch unterm Rosen- …	-strauch.
Liegt er in dem Hexenbuch? Oder auf dem Küchen- …	-tuch?
Der Stab liegt nicht im Bücherschrank, er steckt auch nicht im Zauber- …	-trank.
Zilly prüft die Haustürglocke, sie sucht in ihrer langen …	Socke.
Vielleicht liegt er in der Regenrinne, nein, da hängt nur eine …	Spinne.
Zilly tobt ganz wild und flucht: Mein ganzes Haus ist abge- …	-sucht!
Wo ist der Zauberstab nur hin? Auf einmal kommt's ihr in den …	Sinn.
Ich hab eine Idee, na klaro! Ich frag jetzt mal meinen …	Zingaro.
Er hat ihn wirklich, wunderbar! Der Zauberstab ist wieder …	da!
Zilly fängt laut an zu lachen: Was willst du mit dem Stab denn …	machen?
Zingaro wünscht sich Farben her – Rot, Blau, Gelb und noch viel …	mehr.
Zilly zeigt ihm, wie es geht, nur fünfmal wird der Stab ge- …	-dreht.
Nun wird er etwas langgezogen und schon erscheint ein Regen- …	- bogen.
Zingaro ruft laut: Wunderbar! Alle Farben sind jetzt …	da.

Silben klatschen (ab 3 Jahren)

Material:
Bilderbuch, für jedes Kind 1 Sitzkissen oder Stuhl

Arbeitsanleitung:
Alle sitzen bequem im Kreis. Nehmen Sie das Bilderbuch dazu und erklären Sie den Kindern, dass das Buch zwölf Doppelseiten hat (begonnen bei dem ersten Bild mit dem schwarzen Haus). Sie können die Seiten durchblättern und dabei laut zählen. Bitten Sie nun ein Kind, eine Zahl zwischen 1 und 12 zu nennen. Während Sie bis zu der genannten Seite blättern, zählen alle gemeinsam laut und klatschen bei jeder Zahl einmal. Zeigen Sie nun auf ein Detail der Doppelseite, zum Beispiel auf Zingaro. Erklären Sie den Kindern, dass man den Namen „Zingaro" in Silben teilen kann. Klatschen Sie dazu dreimal: Zin – ga – ro. Dann zeigen Sie auf ein anderes Detail, zum Beispiel den Hexenhut. Nun darf eines der Kinder die Silben sprechen und dazu klatschen, anschließend wiederholen alle gemeinsam das Wort. Danach wird die nächste Zahl zwischen 1 und 12 genannt und zu der genannten Seite geblättert, während wieder alle laut zählen und klatschen. Anschließend zeigen Sie wieder auf einzelne Begriffe, deren Silben geklatscht werden.

Variante für ältere Kinder:
Ein Kind bekommt das Bilderbuch und nennt eine Zahl zwischen 1 und 12. Während es blättert, zählen und klatschen die anderen Kinder bis zur richtigen Seite. Dort wählt das Kind ein Detail aus und die anderen Kinder dürfen sich melden, wenn sie die Silben nennen und klatschen wollen. Wer sich gemeldet und vorgeklatscht hat, darf in der nächsten Runde die Seitenzahl nennen und ein Wort bestimmen. Das Buch wandert so von Kind zu Kind, bis jeder einmal an der Reihe war.

Variante für unter 3-Jährige:
Mit den jüngeren Kindern können Sie am besten einzeln das Klatschen der Silben üben. Sie nehmen das Kind auf den Schoß und zeigen auf ein Motiv im Buch. Dann nehmen Sie die Hände des Kindes in Ihre und klatschen gemeinsam die Silben. Es empfiehlt sich, einfache Wörter wie Hut, Mond, Ka-ter oder Vo-gel auszuwählen.

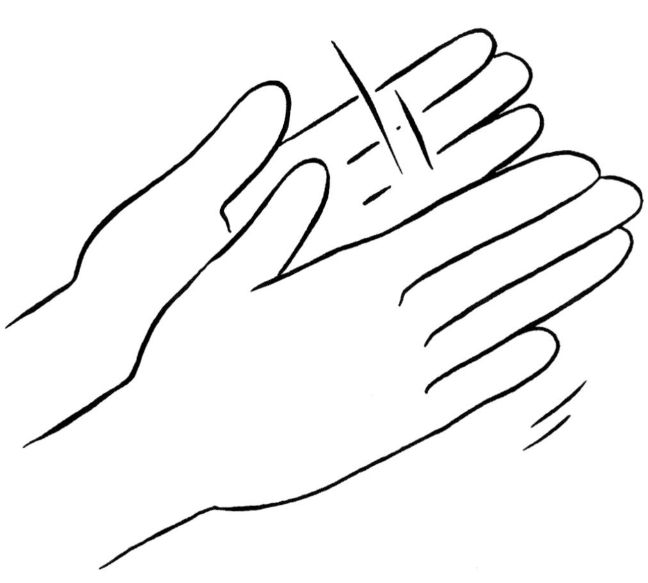

Ich sehe was, was du nicht siehst (ab 3 Jahren)

Material:
Vorlage „Wimmelbild“ (s. S. 10)

Vorbereitung:
Kopieren Sie das Suchbild für jedes Kind.

Arbeitsanleitung:
Die Kinder dürfen das Bild in Ruhe betrachten, dabei wird wahrscheinlich eine Gesprächsrunde entstehen. Nach einiger Zeit sagen Sie: „Wir spielen jetzt ‚Ich sehe was, was du nicht siehst‘ zu dem Bild. Nehmt bitte die Hände auf den Rücken, denn ich möchte, dass ihr mir mit Worten sagt, was ihr seht. Zeigt nicht mit dem Finger auf die gesuchten Gegenstände.“

Stellen Sie nun unterschiedliche Suchaufgaben, zum Beispiel:
Ich sehe was, was du nicht siehst, ...

- das sitzt auf dem Arm der Vogelscheuche.
- dort läuft das Wasser aus der Regenrinne hinein.
- das steht auf dem Balkon.
- das sitzt auf dem Turm.
- darin sitzt eine Maus.

Während des Spiels oder danach können Sie auch Fragen stellen, zum Beispiel:

- Stehen auf dem Dach vom Balkon mehr Hexenschuhe oder mehr Kerzen?
- Wie viele Spinnen findet ihr auf dem Bild?
- Was fliegt oben aus dem Fenster heraus?
- Wo ist Zillys Zauberstab?
- Was sitzt auf dem Arm der Vogelscheuche?

Die Kinder werden meist in Zweiwortsätzen antworten („Ein Vogel!“), was für jüngere Kinder auch in Ordnung ist. Weisen Sie aber ältere Kinder darauf hin, dass Sie sich einen ganzen Satz wünschen („Ein Vogel sitzt auf dem Arm der Vogelscheuche.“).

Erweiterung:
Nach der Einführung des Suchspiels können sich je zwei Partner zusammenfinden. Sie suchen sich einen ruhigen Platz (Tisch, Sofa, Kuschelecke, Bauteppich ...) und spielen zu zweit. Im Anschluss können die Kinder ihr Bild anmalen.

Hinweis:
Wenn Sie die ausgemalten Kopien für die Kinder laminieren, sind diese länger haltbar und können immer wieder zum Einsatz kommen.

Lernziele:
Erweiterung des Wortschatzes, Förderung der visuellen Wahrnehmung, der Wortfindung, des sprachlichen Ausdrucks, Verbesserung des Satzbaus und des Redeflusses

Kopiervorlage: Wimmelbild

Wo ist Zingaro? (ab 3 Jahren)

Material:
Kopiervorlage „Wimmelbild“ (s. S. 10), ggf. Kopiervorlage „Zingaro“ (s. u.) oder ein Spielhütchen

Vorbereitung:
Die Vorlage des Wimmelbildes wird für alle Kinder kopiert.
Für die Variante wird die Vorlage „Zingaro“ kopiert und ausgeschnitten.

Arbeitsanleitung:
Wenn bereits das Angebot „Ich sehe was, was du nicht siehst“ (s. S. 9) durchgeführt wurde, können Sie die ausgemalten (und laminierten) Bilder der Kinder nutzen.

Die Kinder legen ihre Wimmelbilder vor sich und sollen nun genau erklären, wo sich was befindet. Dabei geht es darum, Präpositionen zu üben, also den Ort des gesuchten Gegenstands / des gesuchten Tieres genau zu nennen.

Fragen Sie zum Beispiel in die Runde:
- Wo ist Zingaro? (Zingaro sitzt **auf** dem Zaun. Er sitzt **vor** dem Baum.)
- Wo sitzt die Maus? (Die Maus sitzt **im** Käfig.)
- Wo steht der Zauberkessel? (Der Zauberkessel steht **auf** dem Balkon.)
- Wo hängt das Herz? (Das Herz hängt **hinter** dem Fenster.)
- Wo sitzt der Frosch? (Der Frosch sitzt **unter** dem Eimer.)
- Wo stehen die Kerzen? (Die Kerzen stehen **neben** den Schuhen.)
- Wo hängt der Schlüssel? (Der Schlüssel hängt **am** Ast. Er hängt **über** dem Besen.)
- …

Variante:
Diese Variante eignet sich gut für kleinere Gruppen. Hier setzen sich die Kinder in einer Runde an einen Tisch oder auf den Boden und ein Wimmelbild wird in die Mitte gelegt. Stellen Sie nun die Figur Zingaro an eine beliebige Stelle in das Bild. Dann sollen die Kinder genau beschreiben, wo sich der Kater befindet.

Alternativ kann auch ein Spielhütchen genutzt werden, das den Kater Zingaro darstellt. Diese Variante können die älteren Kinder auch gut in kleinen Gruppen gemeinsam spielen. Dann darf jedes Kind einmal den Kater an eine beliebige Stelle setzen und die anderen Kinder erklären, wo Zingaro gerade ist.

Kopiervorlage: Zingaro

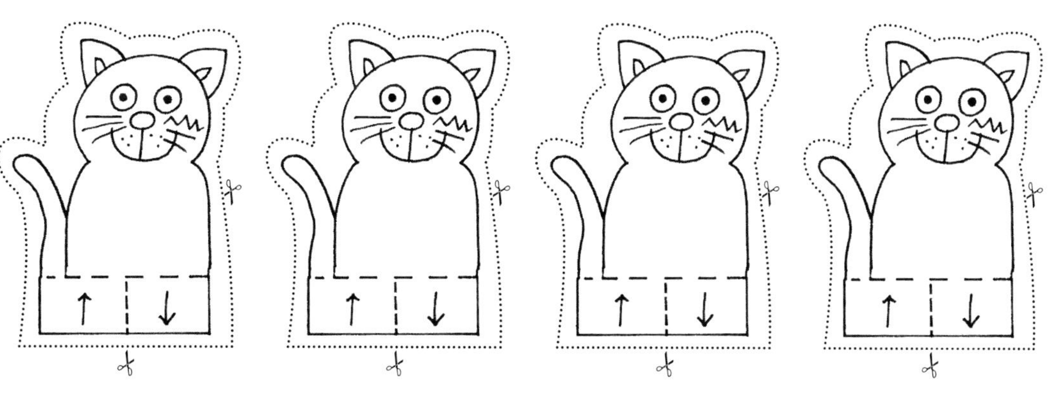

Zillys Schwungübungen (ab 4 Jahren)

Material:
Geschichte „Zillys Flugreise“ (s. S. 13), „Schwungübungen“ 1–3 (s. S. 14–16), gut angespitzte Buntstifte

Vorbereitung:
Kopieren Sie die Übungen auf die von Ihnen gewünschte Größe. Beim Einsatz der kleineren Kopien schwingen die Kinder diese im Sitzen. Wenn Sie die Übungen auf DIN A3 hochkopieren, können die Kinder am Tisch stehend schwingen. Hierbei wird der „Schwingarm“ gelockert.

Arbeitsanleitung:
Lesen Sie die Schwunggeschichte vor. Am Ende jedes Abschnitts folgt der passende Spruch zur Übung. Bevor die Kinder mit dem Schwingen beginnen, sprechen alle den Spruch gemeinsam und malen dazu die Übung in die Luft. Dann werden die Übungen auf dem jeweiligen Blatt wiederholt. Dabei arbeitet jedes Kind in seinem eigenen Tempo, sodass Sie in dieser Zeit die Lernziele beobachten können.

Auf der Vorlage auf Seite 16 sind alle Übungen noch einmal zusammengefasst. Die Kinder sollen den Weg vom Beginn bis zu Zingaro mehrmals nachzeichnen.

Hinweis:
Die Übungen können jeden Tag als Ritual nach dem Morgenkreis oder vor dem Frühstück durchgeführt werden, dabei ist eine neue Übung pro Tag ausreichend.
Sie können eine Übung auch am ersten Tag mit dem DIN-A3-Blatt im Stehen und am Folgetag mit der kleineren Kopien im Sitzen durchführen.
Die Kinder können ihre Kopien am Ende mit nach Hause nehmen oder es wird daraus ein kleines Buch gebunden oder getackert. Dann wäre es schön, wenn auch die Geschichte zur Erinnerung mit eingeklebt wird.

Varianten:
Die Übungen können auch in Sand gemalt, mit Fingerfarbe auf die Fenster gemalt oder mit einem Rhythmikband geschwungen werden.

Lernziele:
Lockerung des Handgelenks, Förderung der Feinmotorik, der Auge-Hand-Koordination und der Konzentration, Vorübung für das Schreiben, Üben von unterschiedlichen Bewegungsabläufen und der korrekten Stifthaltung, rhythmisches Sprechen und Schwingen

Geschichte: Zillys Flugreise

1. Es ist Nacht und Zingaro schläft tief und fest. Doch Zilly ist hellwach. Sie hat Lust auf eine kleine Flugreise. Zilly schwingt sich auf ihren Besen und fliegt zum Fenster hinaus. Eine Eule ruft ihr zu: „Zilly, fliege dem Mond etwas vor. Darüber freut er sich!“

   Fliege hin, fliege her, denn das freut den Mond so sehr.

2. Zilly fliegt im hohen Bogen über ihr Haus hinweg. Auch die Schlange schläft tief und fest. Vielleicht kann Zilly sie mit ihren Flugkünsten ja wecken?

   Die Schlange, die schläft auf dem Dach, vielleicht bekomm ich sie ja wach!

3. Da hört Zilly schöne Flötenmusik. Wo kommt die nur her? Sie fliegt den Tönen entgegen und trifft auf eine Kröte. Fröhlich fliegt Zilly um sie herum.

   Ich fliege tanzend um die Kröte, die spielt dazu laut auf der Flöte.

4. An Zillys Haus haben Spinnen begonnen, wunderschöne Netze zu bauen. Zilly fliegt den Spinnweben nach, das macht Spaß.

   Spin – nen – netz

5. Weiter geht die Flugreise. Zilly steuert mit ihrem Besen den Hexenberg an. Dort angekommen, fliegt sie hinauf und hinunter. Das knisternde Feuer tanzt mit.

   He – xen – tanz

6. Am Feuer ist es doch ein wenig warm geworden. Zur Abkühlung fliegt Zilly zum Hexenbach. Sie saust über die plätschernden Wellen und die Zauberfische schwimmen fröhlich im Wasser.

   schwipp-schwapp, schwipp-schwapp, schwipp-schwapp

7. Die Nacht ist nun fast vorbei. Im Morgengrauen aber schwirren noch ein paar Fledermäuse durch die Luft. „Folgt ihr mir?“, ruft Zilly, „Kommt!, fliegt mit!“

   Fle – der – mäu – se flie – gen mit

8. Gleich geht die Sonne auf. Doch Zingaro schläft noch tief und fest. Zilly weiß, wie sie ihn wach bekommt: Es müsste donnern und blitzen, ganz laut!

   Zil – ly zau – bert Blit – ze

Tatsächlich! Zingaro ist aufgewacht. Fragend schaut er Zilly an, die gerade zum Fenster hineingeflogen kommt und neben ihm landet. Natürlich will Zingaro wissen, was Zilly in der Nacht erlebt hat. Und hier endet diese Geschichte – beinahe. Denn den Schluss, den schreibst du. Du bekommst gleich Zillys Flugplan. Hier siehst du noch einmal die nächtliche Reise mit all den Flugerlebnissen auf dem Besen.

Kopiervorlage: Schwungübungen (1)

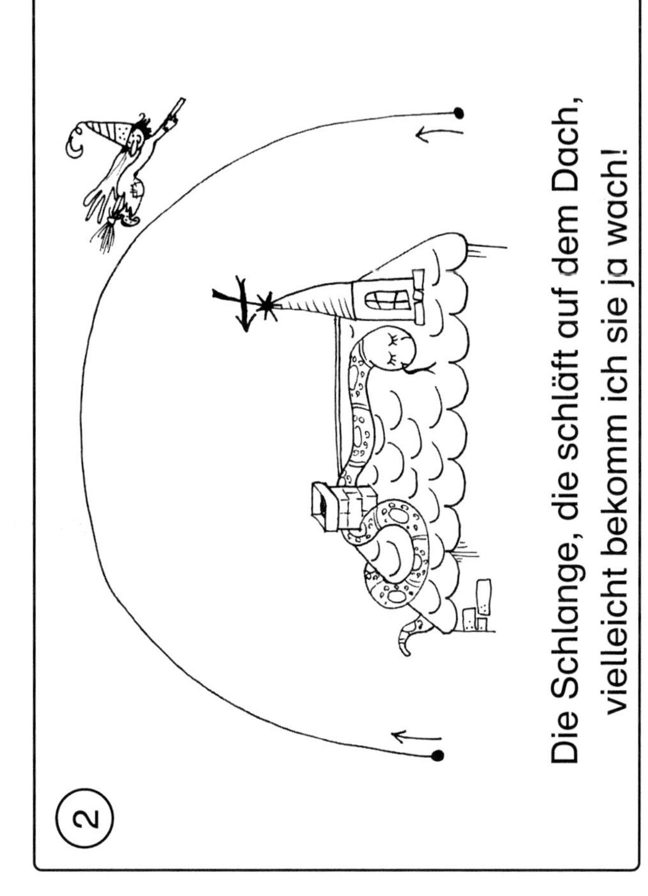

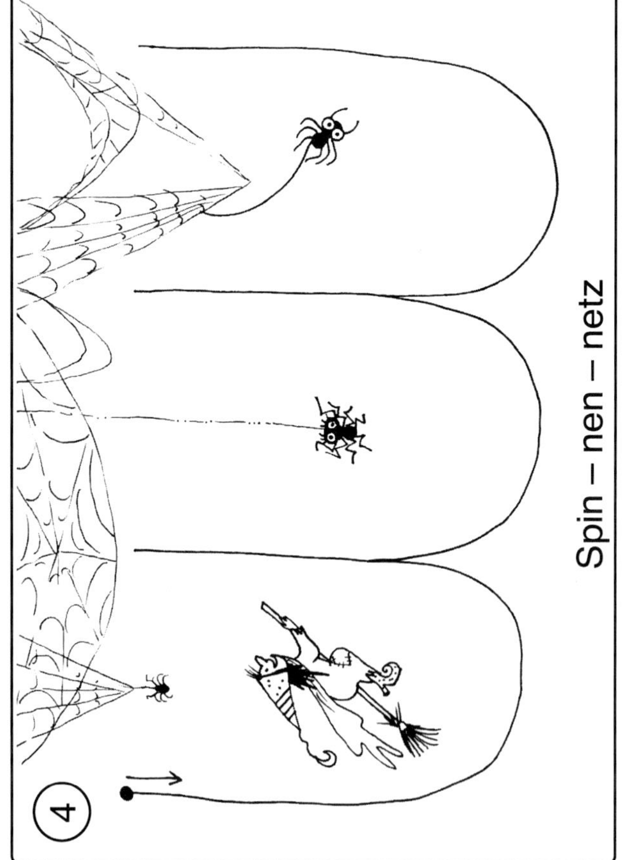

Kopiervorlage: Schwungübungen (2)

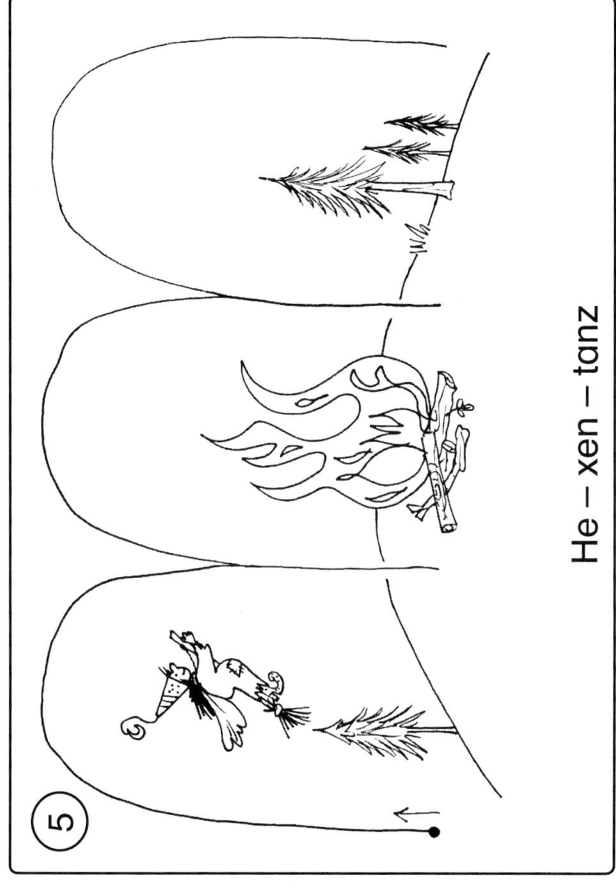

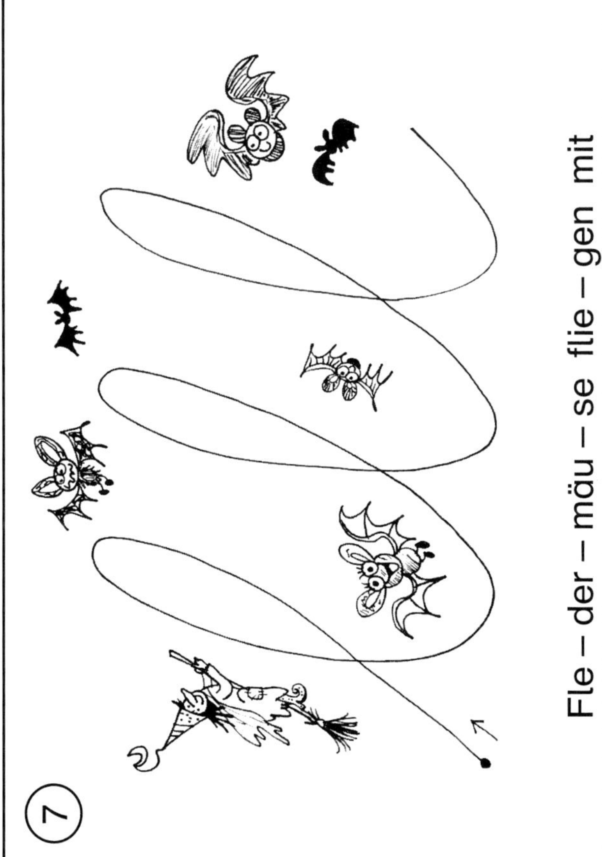

Kopiervorlage: Schwungübungen (3)

BVK • Tanja Weber: Literacy-Projekt zu „Zilly und Zingaro. Zilly, die Zauberin“

Eine Geschichte erfinden: Male, was passiert! (ab 3 Jahren)

Material:
Bilderbuch, Kopiervorlage (s. u.), Buntstifte, für jedes Kind 1 Stuhl oder Sitzkissen, ggf. weißes Papier

Vorbereitung:
Kopieren Sie die Vorlage für jedes Kind. Dabei sollte sich die Vorlage am unteren Rand des DIN-A4-Blattes befinden, damit die Kinder in den oberen Teil malen können.

Durchführung:
Die Kinder sitzen im Kreis. Nehmen Sie das Buch dazu und lassen Sie die Kinder erzählen, was auf den letzten drei Doppelseiten geschieht. Dann erzählen Sie:

„Genau! Nun ist alles in Ordnung. Zilly kann ihren Zingaro immer sehen, ganz egal, wo er auch ist. So vergehen die Tage. Zilly liest und kocht, sie schaut durch ihr großes Teleskop und trinkt ihren Tee. Doch nichts weiter geschieht. Zingaro ist es langweilig. Er nimmt den Zauberstab und drückt ihn Zilly in die Hand: ‚Mir ist so langweilig. Bitte zauber doch einmal etwas Tolles! Etwas Aufregendes oder Schönes. Überrasche mich, bitte!'"

Nun erhalten die Kinder die Kopiervorlage. Sie sollen das malen, was Zilly für Zingaro zaubert. Aber sie sollen ihre Ideen noch nicht verraten. Nach dem Malen werden im anschließenden Sitzkreis die Bilder präsentiert und die Kinder erzählen, wie die Geschichte weitergeht.

Variante:
Anstelle der Kopiervorlage können Sie den Kindern auch weißes Papier geben und die Malaufgabe vorgeben: Zilly könnte durch ihr Teleskop schauen und etwas Geheimnisvolles entdecken, oder Zingaro könnte die Truhe unter Zillys Bett öffnen und dort etwas entdecken usw.

Kopiervorlage

Eine Geschichte erfinden: Erzähle, was passiert! (ab 4 Jahren)

Material:
1 Zauberstab, 1 altes Buch, 1 Besen, 1 Hexenhut, bunte Socken, Kuschel- oder Spielzeugtiere (Katze, Spinne, Fledermaus, Eule, Schlange, Frosch, Vogel), bunte Tücher, 1 Teetasse, 1 Topf, 1 Kochlöffel, 1 Kerze, 1 kleine Kiste (Zaubertruhe), evtl. Sterne und Wolken aus Tonpapier, ggf. 1 großes weißes Plakat und Buntstifte

Vorbereitung:
Alle Gegenstände werden in die Kreismitte gelegt.

Durchführung:
Die Kinder sitzen im Kreis. Nehmen Sie das Buch dazu und lassen Sie die Kinder erzählen, was auf den letzten drei Doppelseiten geschieht. Dann erzählen Sie:

„Genau! Nun ist alles in Ordnung. Zilly kann ihren Zingaro immer sehen, ganz egal, wo er auch ist. So vergehen die Tage. Zilly liest und kocht, sie schaut durch ihr großes Teleskop und trinkt ihren Tee. Doch nichts weiter geschieht. Zingaro ist es langweilig. Zilly hat heute auch keine Lust, für ihn zu zaubern.
Also geht Zingaro in den Garten. Dort hört er etwas unter dem Rosenbusch rascheln. Er schleicht sich an und schnuppert am Busch, als plötzlich eine Schlange auf ihn zugeschlängelt kommt *(die Schlange aus der Mitte nehmen).* ‚Was machts du hier?', fragt Zingaro. Die Schlange antwortet: ‚Ich habe gerade ein Mittagsschläfchen gehalten. Nun möchte ich zum Zauberbach, um mich zu erfrischen. Kommst du mit?' Gerade will Zingaro antworten, als …
Wie könnte die Geschichte weitergehen? Wer hat eine Idee?"
Nun wählt eines der Kinder einen weiteren Gegenstand aus der Mitte und erzählt die Geschichte weiter. Dann ist das nächste Kind an der Reihe, bis alle einmal erzählen durften.

Hinweis:
Mit diesem Angebot soll das freie Sprechen gefördert werden. Es gibt aber auch Kinder, die beim freien Erzählen lieber passiv dabei sind und trotz Neugier und Aufmerksamkeit nicht sprechen mögen. Lassen Sie diese Kinder zuschauen oder stellen eventuell Fragen, auf die mit Nicken oder Kopfschütteln geantwortet werden kann. Sie können die Kinder auch bitten, nur einen Gegenstand aus der Mitte zu wählen, zu dem dann eines der anderen Kinder etwas erzählen darf.

Vertiefung:
Die Kinder können am Ende gemeinsam ihre Ideen auf ein großes Plakat malen. Die Erzählideen können aber auch auf einzelne Blätter gemalt werden. Die Bilder können später in das Gemeinschaftsbuch (s. S. 4) geheftet werden. Die Erzieherin schreibt dann die Geschichte, die die Kinder sich ausgedacht haben, dazu auf.

Lied: Farbensuppe **(ab 4 Jahren)**

(Melodie: „Wer will fleißige Handwerker seh'n", Text: Tanja Weber)

Material:
1 tiefer Plastikteller, 1 Suppentopf, 1 Zauberstab (s. S. 29, alternativ 1 Klangholz)
Tonkarton in Gelb, Blau, Rot, Grün, Lila und Orange (ggf. zusätzlich Weiß, Schwarz, Grau, Rosa, Braun),
Kopiervorlage „Farbensuppe" (s. S. 20)

Vorbereitung:
Schneiden Sie aus jedem Tonkarton jeweils zwei Farbkleckse aus. Der Suppentopf und der Teller werden in die Kreismitte gestellt, der Zauberstab wird danebengelegt. Die Farbkleckse der Grundfarben liegen im Suppenteller. Kopieren Sie ggf. die Vorlage „Farbensuppe" für jedes Kind.

Durchführung:
Besprechen Sie vorab mit den Kindern das Thema „Grundfarben" (s. S. 5).
Dann wird gemeinsam das Lied gesungen und dazu werden die Bewegungen durchgeführt. Die mit ||: gekennzeichneten Zeilen werden zweimal gesungen.
Ein Kind spielt Zingaro und bekommt den Zauberstab.
In den weiteren Strophen kommen verschiedene Kinder an die Reihe.

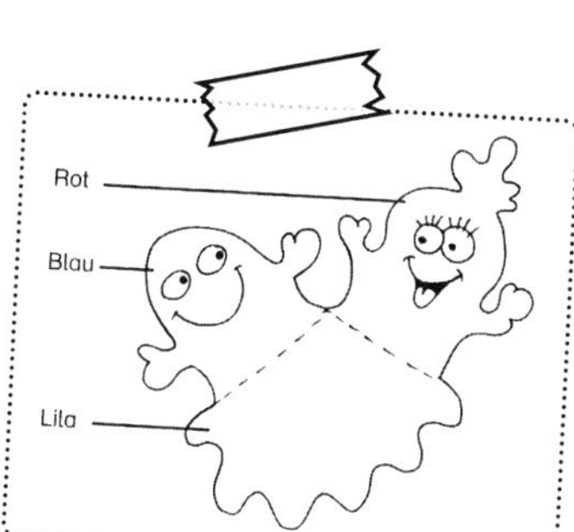

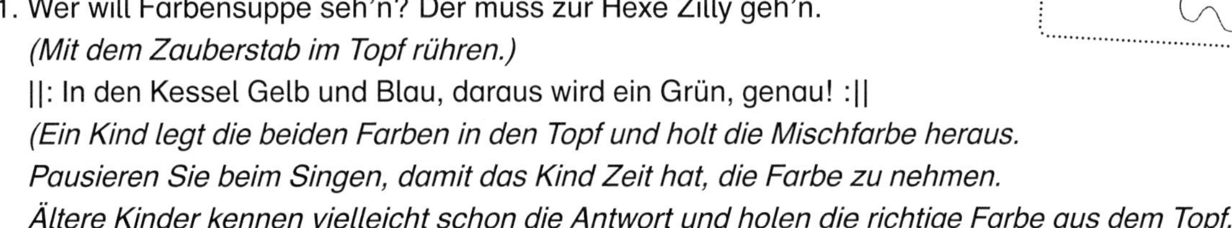

1. Wer will Farbensuppe seh'n? Der muss zur Hexe Zilly geh'n.
   (Mit dem Zauberstab im Topf rühren.)
   ||: In den Kessel Gelb und Blau, daraus wird ein Grün, genau! :||
   (Ein Kind legt die beiden Farben in den Topf und holt die Mischfarbe heraus.
   Pausieren Sie beim Singen, damit das Kind Zeit hat, die Farbe zu nehmen.
   Ältere Kinder kennen vielleicht schon die Antwort und holen die richtige Farbe aus dem Topf.
   Bei jüngeren Kindern helfen Sie gern.)

2. ||: Aus Blau und Rot, das ist nicht schwer, stellt Zilly jetzt ein Lila her. :||
3. ||: Jetzt sind Rot und Gelb mal dran, sieh dir das Orange hier an. :||

4. Nach dem sich wiederholdenden ersten Teil der Strophe wird der zweite Teil gerappt. Die mit x markierten Stellen werden dabei betont, gleichzeitig kann mit dem Zauberstab gegen den Suppentopf geschlagen werden:

x	x	x	x	x		x		x		x	x	x	x	x	x			x
1,	2,	3,	4,	auf	den	Kessel		schlagen	wir.	5,	6,	7,	8,	Farben	sind	hier	schnell	gemacht.

x		x				x
9	und	10,	du	wirst	schon	seh'n.

Varianten für weitere Farben:
	: Schwarz und Weiß, rühr und schau, daraus wird sofort ein Grau. :	
	: Rühre Weiß und Rot mal an, damit man Rosa sehen kann. :	
	: Gelb und Lila, lass mal schaun, vermischt ergeben sie ein Braun. :	

Erweiterung:
Im Anschluss erhalten die Kinder die Kopiervorlage und können hier, passend zum Liedtext, die Felder mit den richtigen Farben ausmalen. Sie können natürlich Hilfestellung geben. Lassen Sie in der Kreismitte die Grundfarben mit ihrer jeweiligen Mischfarbe liegen, dann können die Kinder dort selbst nachschauen. So lernen die Kinder auch, sich gegenseitig zu helfen.

Kopiervorlage: Farbensuppe

Wer will Farbensuppe seh'n? Der muss zur Hexe Zilly geh'n.
In den Kessel Gelb und Blau, daraus wird ein Grün, genau!
Aus Blau und Rot, das ist nicht schwer, stellt Zilly jetzt ein Lila her.
Jetzt sind Rot und Gelb mal dran, sieh dir das Orange hier an.

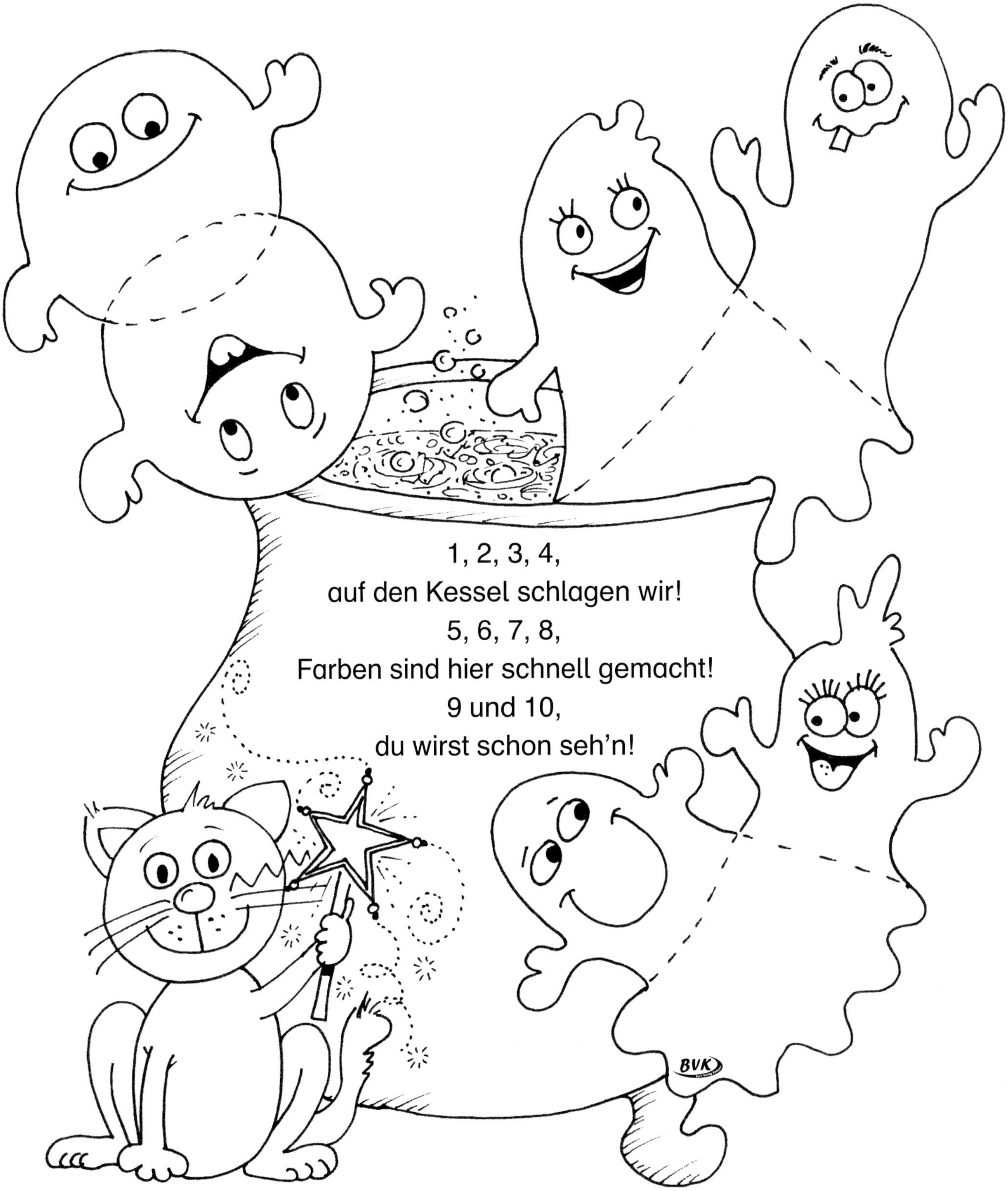

1, 2, 3, 4,
auf den Kessel schlagen wir!
5, 6, 7, 8,
Farben sind hier schnell gemacht!
9 und 10,
du wirst schon seh'n!

Lied: Ich bin die Hexe Zilly (ab 3 Jahren)

(Melodie: „Ich bin die kleine Hexe“, Text: Tanja Weber)

Durchführung:
Die Kinder bilden einen Kreis. Bei der ersten Strophe geht die Erzieherin in die Mitte und macht eine Bewegung vor. Danach dürfen die Kinder, die möchten, in den nächsten Strophen Bewegungen vormachen bzw. vortanzen.

1. **Erzieherin:** Ich bin die Hexe Zilly, ich zeig euch mal 'nen Schritt. (eine Tanzbewegung vormachen)
   Alle: Liebe Hexe Zilly, wir machen gerne mit! (Die Kinder machen die Bewegung nach.)
   Refrain: Hei hopp hopp hopp, hei hopp hopp hopp, Hei hopp hopp hopp, hopp, hopp.
   Hei hopp hopp hopp, hei hopp hopp hopp, Hei hopp hopp hopp, hopp, hopp.

2. **Erzieherin:** Seht mal her und schaut, was jeder von uns kann. (Die Bewegung aus der ersten Strophe wiederholen.)
   Alle: Das ist ein toller Tanz, jetzt ist der Nächste dran. (Alle gemeinsam wiederholen die Bewegung.)
   Refrain: ...

3. **Kind:** Ich bin die Hexe Zilly, ich zeig euch mal 'nen Schritt. (Das Kind macht in der Kreismitte eine Bewegung vor.)
   Alle: Liebe Hexe Zilly, wir machen gerne mit! (Alle machen die Bewegung nach.)
   Refrain: ...

4. **Erzieherin:** Seht mal her und schaut, was jeder von uns kann. (Die Bewegung aus der dritten Strophe wiederholen.)
   Alle: Das ist ein toller Tanz, jetzt ist der Nächste dran. (Alle gemeinsam wiederholen die Bewegung.)
   Refrain: ...

Varianten:
Statt im Refrain das „Hei hopp hopp hopp“ zu singen, haben die Kinder vielleicht auch andere Ideen, zum Beispiel: „La la la la“ oder „Di dum di dei“.
Sie können auch an ein paar Kinder Orff-Instrumente verteilen, so kann zum Refrain ein kleines Orchester mitspielen.
Anstatt „Ich bin die Hexe Zilly ...“ kann auch „Ich bin Kater Zingaro ...“ gesungen werden.

Lied: In Zillys Hexenhaus (ab 3 Jahren)

(Melodie: „Meine Oma fährt im Hühnerstall Motorrad“, Text: Tanja Weber)

Durchführung:
Nehmen Sie das Bilderbuch zur Hand und schlagen die erste Doppelseite auf. (Die Seite mit dem schwarzen Haus.) Lassen Sie die Kinder das Bild betrachten. Zeigen Sie dann auf Zingaro, der auf dem Geländer des Balkons sitzt. Dann wird die erste Strophe des Liedes gesungen.
Anschließend blättern Sie auf die nächste Seite, dort ist der Rabe im Vogelkäfig zu sehen. Haben die Kinder den Raben entdeckt, wird die zweite Strophe gesungen. So geht es mit jeder Doppelseite weiter. Die Geräusche am Ende jeder Strophe (miau, krah krah usw.) machen den Kindern besonders Spaß, wenn sie stimmlich übertrieben werden.

1. In Zillys Hexenhaus, da lebt Kater **Zingaro,** Zingaro, Zingaro.
   In Zillys Hexenhaus, da lebt Kater Zingaro.
   In dem Hexenhaus wär ich gern zu Besuch – miau!

2. In Zillys Hexenhaus, da wohnt ein schwarzer **Rabe,** ein Rabe, ein Rabe.
   In Zillys Hexenhaus, da wohnt ein schwarzer Rabe.
   In dem Hexenhaus wär ich gern zu Besuch – krah, krah!

3. In Zillys Hexenhaus, da gibt es eine **Schlange,** eine Schlange, eine Schlange,
   In Zillys Hexenhaus, da gibt es eine Schlange.
   In dem Hexenhaus wär ich gern zu Besuch – zisch, zisch!

4. In Zillys Hexenhaus entdecke ich auch **Knochen,** auch Knochen, auch Knochen.
   In Zillys Hexenhaus entdecke ich auch Knochen.
   In dem Hexenhaus wär ich gern zu Besuch – huhu!

5. In Zillys Hexenhaus gibt's einen **Zauberkessel,** Zauberkessel, Zauberkessel.
   In Zillys Hexenhaus gibt's einen Zauberkessel.
   In dem Hexenhaus wär ich gern zu Besuch – blubb, blubb!

6. In Zillys Hexenhaus, da steht auch eine **Truhe,** eine Truhe, Truhe.
   In Zillys Hexenhaus, da steht auch eine Truhe.
   In dem Hexenhaus wär ich gern zu Besuch – was da wohl drin ist? (flüstern)

Lassen Sie die Kinder auf den anderen Seiten selbst etwas entdecken und sich passende Geräusche dazu ausdenken.

Erweiterung:
Im Anschluss könnten die Kinder die Strophen aufmalen. Die Bilder werden dann zur Erinnerung als Liederheft zusammengetackert.

Lied: Wo ist der Zauberstab? (ab 3 Jahren)

(Melodie: „Die Affen rasen durch den Wald“, Text: Tanja Weber)

Durchführung:
Das Lied wird gemeinsam gesungen. Die Erzieherin macht die passenden Bewegungen vor und die Kinder dürfen diese nachmachen.
Da kein Material wie Topf, Hut oder Gartenschlauch nötig sind, werden die Bewegungen pantomimisch dargestellt.

Text	Bewegungen
1. Zilly hält's im Kopf nicht aus, sie sucht im ganzen Hexenhaus, Zilly tobt ganz wild und brüllt:	*Hände als Brille vor die Auge legen* *und suchend umherschauen*
Wo ist der Zauberstab, wo ist der Zauberstab, wo ist der Zauberstab nur hin? Wo ist der Zauberstab, wo ist der Zauberstab, wo ist der Zauberstab nur hin?	*in die Hände klatschen*
2. Zilly kratzt sich jetzt am Kopf, er ist auch nicht im Suppentopf, Zilly tobt ganz wild und brüllt:	*am Kopf kratzen, den Deckel* *anheben und in den Topf schauen*
Wo ist der Zauberstab …	*auf die Oberschenkel patschen*
3. Der Stab liegt nicht auf Zillys Sessel, er schwimmt auch nicht im Zauberkessel, Zilly tobt ganz wild und brüllt:	*verneinender Zeigefinger* *Schwimmbewegungen machen*
Wo ist der Zauberstab …	*in die Hände klatschen und auf die Oberschenkel patschen im Wechsel*
4. Er steckt auch nicht im Hexenhut, Zilly packt jetzt schon die Wut, Zilly tobt ganz wild und brüllt:	*den Hut vom Kopf nehmen und hineinschauen* *die Fäuste ballen*
Wo ist der Zauberstab …	*in die Hände klatschen*
5. Zilly sucht im Gartenschlauch und auch unterm Rosenstrauch, Zilly tobt ganz wild und brüllt:	*den Schlauch in die Hand nehmen und hineinschauen, bücken und die Rosen anheben*
Wo ist der Zauberstab …	*abwechselnd mit beiden Füßen aufstampfen*
6. Er liegt nicht unterm Hexenbuch, nein, auch nicht auf dem Küchentuch, Zilly tobt ganz wild und brüllt:	*Buch hochheben, darunter nachschauen,* *Kopf schütteln*
Wo ist der Zauberstab …	*klatschen und stampfen im Wechsel*
7. Der Stab liegt nicht im Bücherschrank, er steckt auch nicht im Zaubertrank, Zilly tobt ganz wild und brüllt:	*auf Zehenspitzen ins oberste Regal schauen,* *in ein Glas schauen, das mit der Hand gehalten wird*
Wo ist der Zauberstab …	*Handrücken in die Handfläche der anderen Hand klatschen*

8. Zilly schlägt die Haustürglocke, sie sucht in ihrer langen Socke, Zilly tobt ganz wild und brüllt:	*das Glockenseil schütteln, ein Bein nach vorn strecken*
Wo ist der Zauberstab …	*die Hände klatschen abwechselnd auf die Innenseiten der Unterarme*
9. Vielleicht liegt er in der Regenrinne, nein, da hängt nur eine Spinne, Zilly tobt ganz wild und brüllt:	*nach oben zeigen, Finger zappeln als Spinnenbeine*
Wo ist der Zauberstab …	*in die Hände klatschen, dann auf die Innenseite des linken Unterarms klatschen, dann auf die Innenseite des rechten Unterarms klatschen*
10. Zilly tobt ganz wild und flucht: Mein ganzes Haus ist abgesucht! Wo ist der Zauberstab nur hin? Auf einmal kommt's ihr in den Sinn: Ich hab eine Idee, na klaro! Ich frag jetzt mal meinen Zingaro.	*gerappt (rhythmisch gesprochen) und geklatscht*
11. Er hat ihn wirklich, wunderbar! Der Zauberstab ist wieder da! Zilly singt und springt umher:	*Arme hochreißen, über dem Kopf klatschen*
Da ist der Zauberstab, da ist der Zauberstab, der Zauberstab ist wieder da! Da ist der Zauberstab, da ist der Zauberstab, der Zauberstab ist wieder da!	*umherspringen*

Hinweis

Das Lied passt inhaltlich zu dem „Reimgedicht" auf Seite 7.

Lustige Hexen-Galerie (ab 4 Jahren)

Material:
Bilderbuch, Kopiervorlagen „Nasen, Münder, Augen" (s. u. und S. 26) und „Hexen-Bilderrahmen" (s. S. 27), Schere, Kleber, Buntstifte oder Filzstifte, 3 Materialschalen

Vorbereitung:
Kopieren Sie für jedes Kind die Vorlage „Hexen-Bilderrahmen". Die Vorlage „Nasen, Münder, Augen" wird mehrfach kopiert und grob ausgeschnitten. Legen Sie diese sortiert in drei Materialschalen. Kleber und Stifte werden auf den Tischen verteilt.

Arbeitsanleitung:

1. Lassen Sie die Kinder die Hexenbilder in Zillys Haus entdecken, indem Sie das Buch zur Hand nehmen. Erklären Sie dazu:
   „Im Bilderbuch über die Hexe Zilly gibt es viel zu entdecken. In Zillys Haus hängen auch einige Hexenbilder an den Wänden." Zeigen Sie einige Bilder in dem Buch oder lassen Sie diese von den Kindern entdecken. „Zilly hat aber noch ein ganz leeres Zimmer, dort hängt nicht ein einziges Bild. Nun wollen wir Zilly überraschen und ihr die tollsten Hexenbilder schenken."
2. Verteilen Sie die Kopien und lassen die Kinder verschiedene Gesichter ausprobieren. Wenn sich die Kinder entschieden haben, welches Gesicht ihre Hexe bekommen soll, werden die Teile festgeklebt.
3. Danach werden die Hexenbilder bunt angemalt. Natürlich können die Kinder auch ein eigenes Gesicht malen, anstatt die Teile aufzukleben. Es können auch zusätzliche Elemente wie zum Beispiel eine Hexenwarze dazugemalt werden.
4. Am Ende werden die Gemälde in der Gruppe präsentiert und können als Galerie im Gruppenraum aufgehängt werden.

Kopiervorlage: Nasen, Münder, Augen (1)

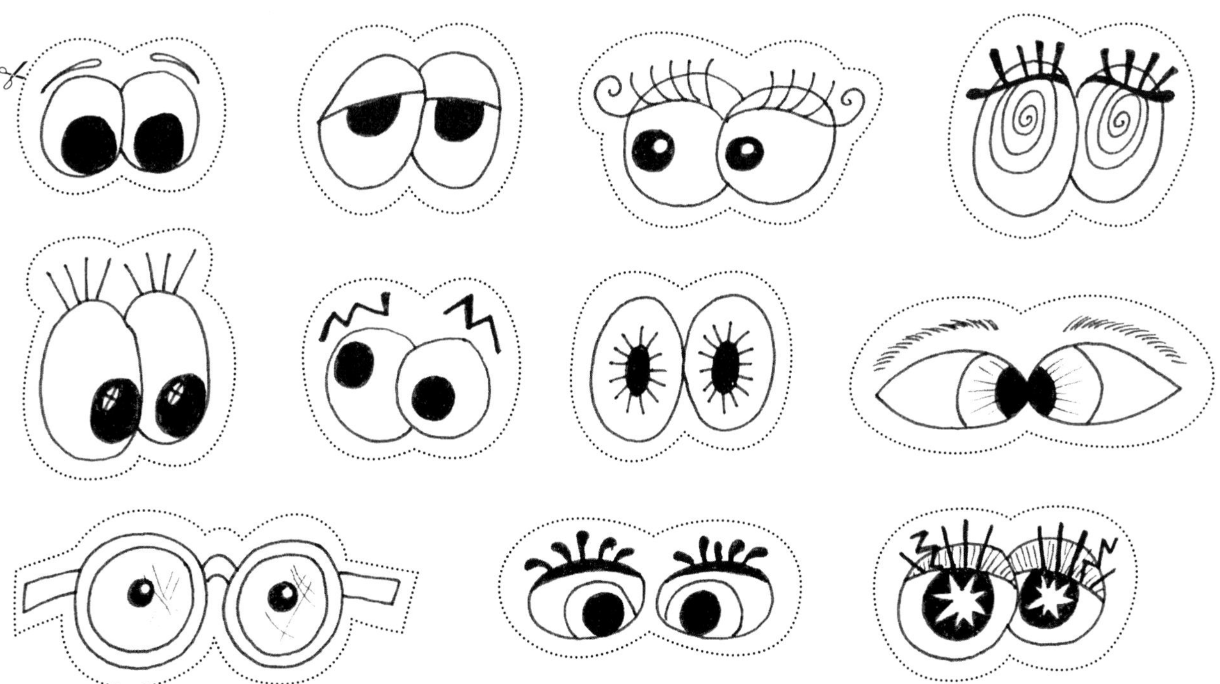

Kopiervorlage: Nasen, Münder, Augen (2)

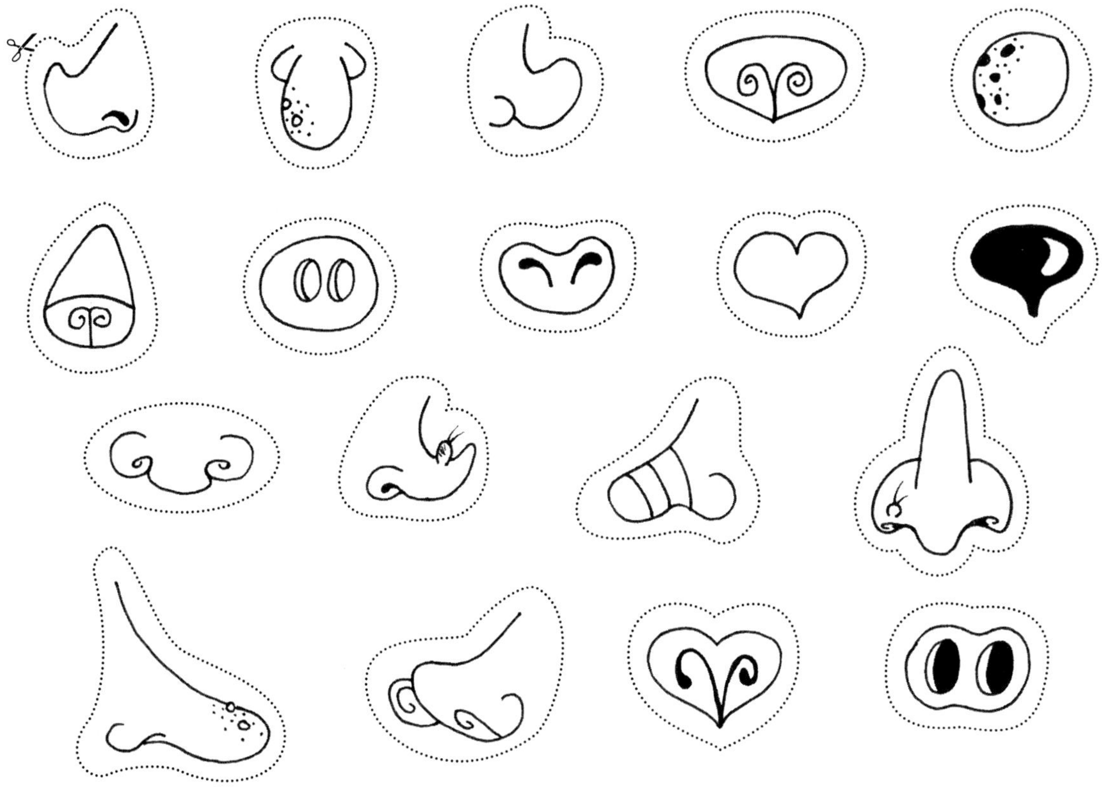

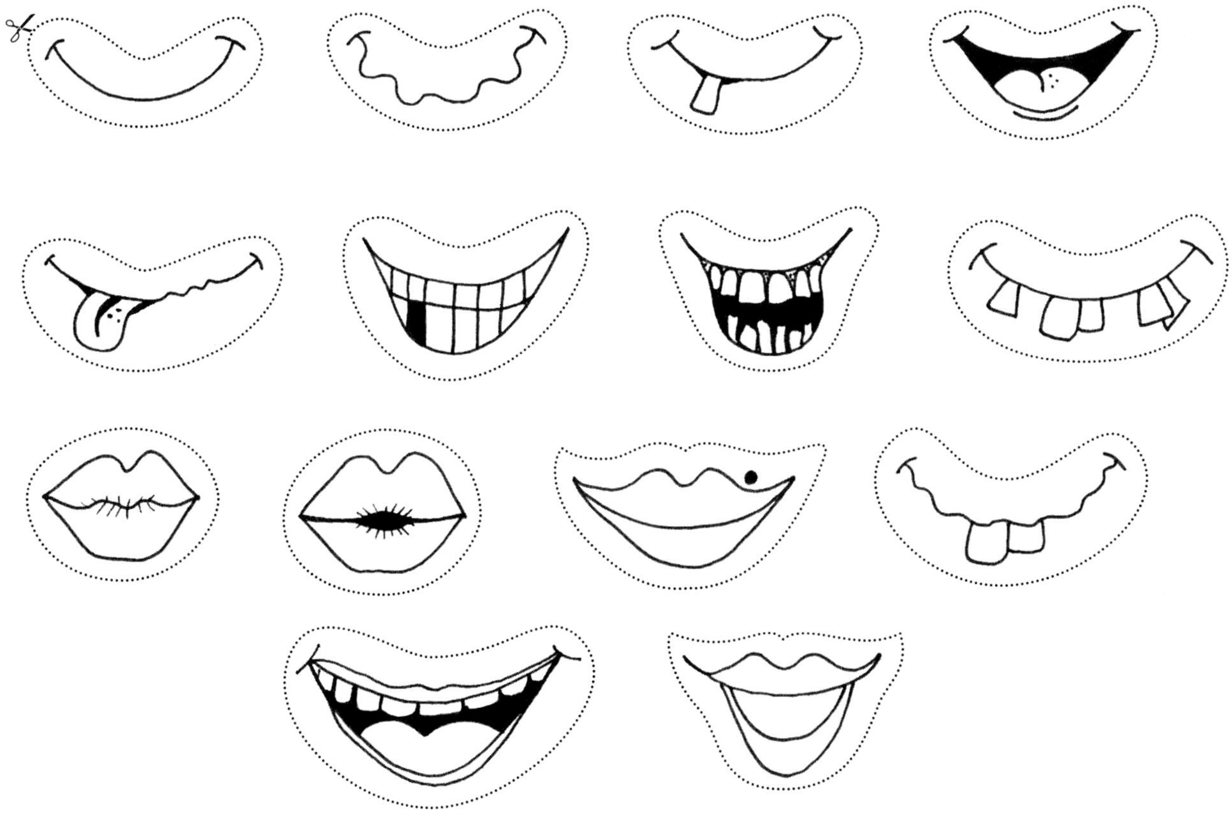

Kopiervorlage: Hexen-Bilderrahmen

BVK

Murmelbilder (ab 3 Jahren)

Material:
3 Tische, 3 Basteldecken, mehrere große Plastikschalen oder Schuhkartons, weißes Papier in DIN A4, 1 Schere, je 2 Farbtöpfchen mit Wasserfarben in Rot, Blau und Gelb, 6 Pinsel, Wasserbehälter, für jedes Kind 1 kleine Murmel

Vorbereitung:
Die Tische werden mit den Basteldecken ausgelegt. An jedem Tisch sollen andere Grundfarben gemischt werden: an Tisch 1 Rot und Blau, an Tisch 2 Rot und Gelb, an Tisch 3 Blau und Gelb. Die Farben sollten nicht zu dickflüssig sein, damit die Murmeln besser rollen können. Das Papier wird auf die Größe der Schalen / Kartons zurechtgeschnitten. Alle Materialien werden auf die Tische verteilt.

Arbeitsanleitung:
1. Alle Kinder versammeln sich an einem der Tische. Ein Blatt Papier wird in die Schale / den Karton gelegt und gemeinsam werden mit den Pinseln die beiden Farben auf das Papier getröpfelt. Eine Murmel wird nun dazugelegt und zu dem Lied (s. u.) hin und her gerollt.
2. Während Sie die Murmelaktion erklären, erzählen Sie folgenden Text und führen die passenden Abläufe durch:
   „Zilly möchte in ihrem Haus neue Bilder aufhängen. Und was zaubert Zilly so gern? Genau, Farben! Deshalb sollen die Bilder bunt werden.
   Doch heute möchte Zilly die Farben nicht zaubern, sie möchte mit ihnen experimentieren *(Farben zeigen).* Zilly kleckst mit ihrem Pinsel zwei Farben in die Zauberkiste *(die beiden Farben auf das Papier klecksen).*
   Nun bittet Zilly ihren Kater Zingaro, die Zauberkugel zu holen *(Murmel zeigen).*
   Zingaro legt die Zauberkugel in die Zauberkiste *(Murmel auf das Papier legen).*
   Zilly nimmt die Kiste in die Hände und singt dazu ein Lied *(das Lied zweimal singen, während die Schale hin und her bewegt wird).*“
3. Zeigen Sie nun das Bild und warten ab, wie die Kinder reagieren. Es könnte eine Gesprächsrunde zu den Grundfarben (s. S. 5) folgen. Was würde geschehen, wenn die Murmel durch Gelb und Blau oder Rot und Blau kullert?
4. Die Kinder suchen sich nun einen Tisch aus und murmeln dort zu dem Lied ihr Bild.
   Im Anschluss werden die Bilder ausgestellt.

Erweiterung:
Auf die Rückseite der Bilder können Sie noch das kopierte Lied kleben.
Wenn Sie die Murmelbilder laminieren, dann erhält jedes Kind ein schönes buntes Tischset für zu Hause oder das Frühstück im Kindergarten.

Lied: „Zauberkugel“
(Melodie: „Taler, Taler, du musst wandern“, traditionell; Text: Tanja Weber)

Zauberkugel, du musst wandern, von dem einen Klecks zum andern.
Oh wie schön, oh wie schön, kann ich dich hier kullern seh'n.

Zauberstab, Hexenbesen, Hexenhut und Magischer Umhang (1) (ab 3 Jahren)

Zauberstab

Material:
30–60 cm lange Äste, Basteldecken oder alte Zeitungen, Schmirgelpapier, Kleber, Scheren, Wollreste, Fingerfarben, Filzstifte, Bastelsteinchen, Glitzerpulver, Tonkarton, Perlen, Sternchen, farbiges Klebeband

Vorbereitung:
Wenn Sie in der Nähe ein Waldstück haben, dann können die Kinder sich ihre eigenen Äste zur Gestaltung suchen. Auch die Stöcke für die Hexenbesen (s. u.) können hier gesammelt werden.
Decken Sie dieTische mit den Basteldecken oder Zeitungen ab und stellen Sie alle Materialien auf die Tische.

Arbeitsanleitung:
Zuerst schmirgeln die Kinder ihre „Zauberstäbe“ mit dem Schmirgelpapier glatt.
Danach darf frei gestaltet werden.

Hinweis:
Kinder basteln auch gern auf dem Boden. Sie können daher verschiedene Stationen einrichten, zum Beispiel eine Woll-Ecke, einen Glitzer-Bereich usw. Die Kinder wandern dann mit ihren Stäben von Station zu Station.

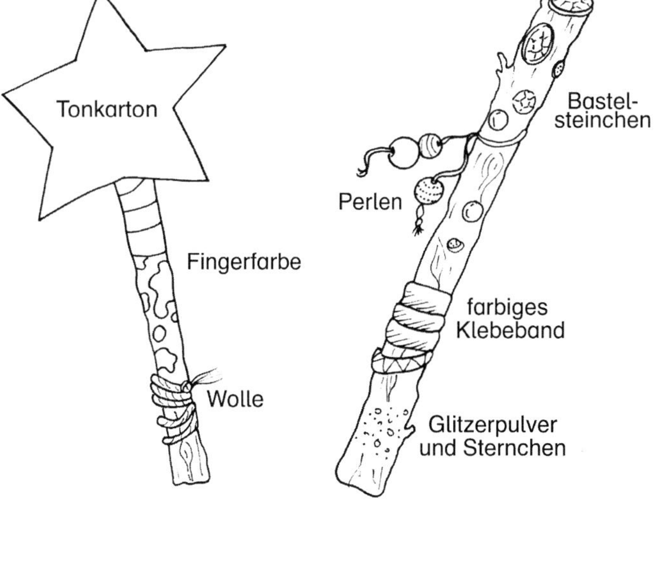

Hexenbesen

Material:
lange stabile Stöcke, braune Papiertüten, Scheren, Klebeband

Arbeitsanleitung:
Die Henkel der Papiertüten werden abgeschnitten. An dieser offenen Seite wird die Tüte längs mehrfach eingeschnitten.
Die geschlossene Bodenseite wird um den Stock gewickelt und mit Isolierband befestigt, sodass die Papierstreifen den unteren Teil des Besens bilden.

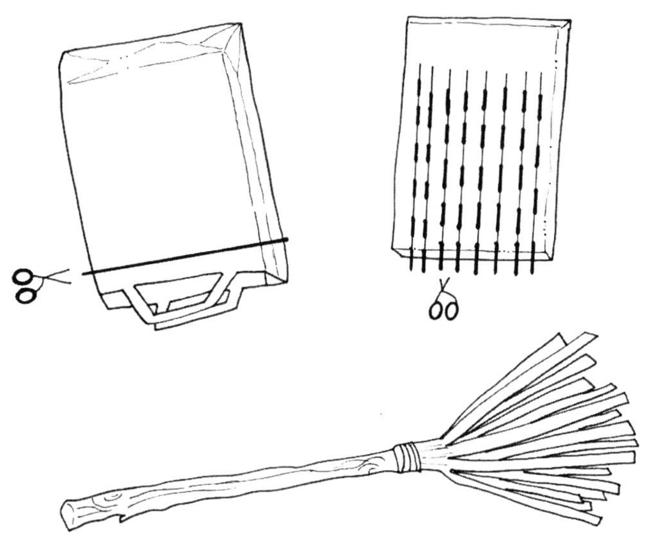

Zauberstab, Hexenbesen, Hexenhut und Magischer Umhang (2) (ab 3 Jahren)

Hexenhut

Material:
Tonkarton in DIN A4 in verschiedenen Farben, Kleber, Scheren, Lineal, Bleistift, Bunt- und Filzstifte, Tacker oder Musterklammern, Tonpapier- und Stoffreste, Aufkleber, Bastelsteinchen, Glitzerpulver, Wollreste, Lametta

Vorbereitung:
Schneiden Sie verschiedenfarbige Hüte aus dem Tonkarton zurecht (Maßvorgaben s. Abbildung) und stellen Sie die Materialien auf die Basteltische.

Arbeitsanleitung:
Die Kinder wählen eine Hutfarbe. Passen Sie die Hüte an den Kopfumfang des jeweiligen Kindes an und tackern diese dann zusammen oder fixieren sie mit Musterklammern. Nun können die Kinder ihren Hexenhut bemalen und zum Beispiel aus Tonpapierresten kleine Formen ausschneiden und aufkleben. Beim Gestalten sind der Fantasie keine Grenzen gesetzt. Aus Wollresten oder Lametta können noch Haare an den Rand des Huts getackert oder geklebt werden.

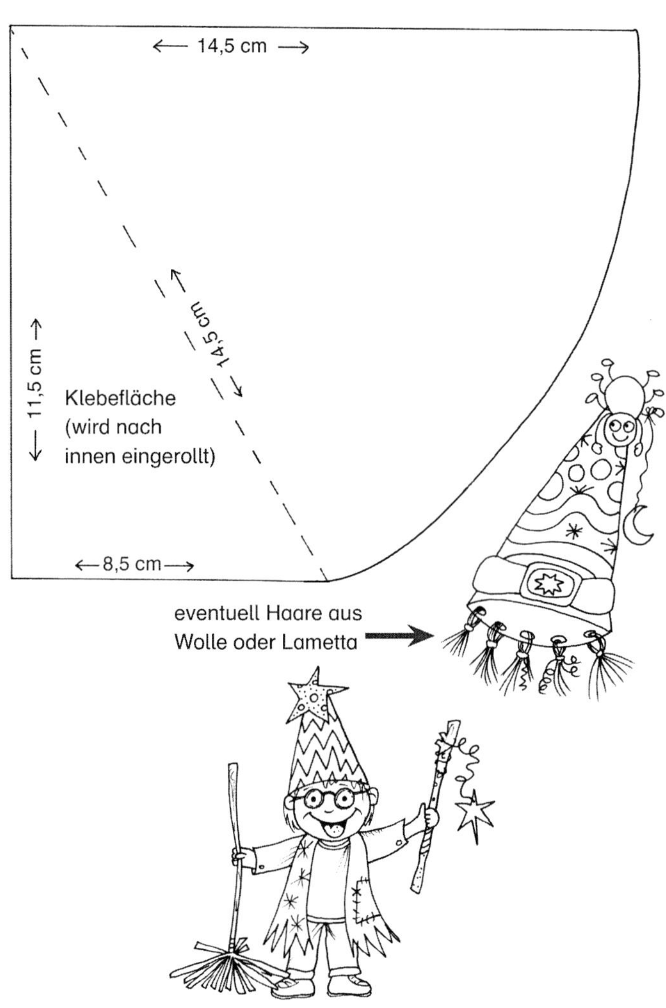

Magischer Umhang

Material:
Stoffscheren, Filz- und Stoffreste, Stoffkleber, alte Bettwäsche, Gardinen, große Hemden und Pullover, Wolle oder Stoffbänder, evtl. Nadel und Faden

Vorbereitung:
Sie können einen Aushang anfertigen, dass Sie großformatige Stoffreste sammeln. Einige Väter haben vielleicht auch ausrangierte Hemden und Pullover, die sie mitbringen können.

Arbeitsanleitung:
1. Die Kinder suchen sich einen Stoff aus. Dieser wird von der Erzieherin auf die richtige Größe zurechtgeschnitten, von Hemden und Pullovern etc. werden Ärmel entfernt.
2. Dann schneiden die Kinder mit den Stoffscheren an einer der langen Seiten Fransen hinein.
3. Danach werden Sterne aus Filz oder Stoffresten ausgeschnitten und mit dem Stoffkleber aufgeklebt.
4. Zum Schluss werden zwei Wollfäden oder Bänder an die oberen beiden Ecken des Umhangs geknotet. Sie können zu einer Schleife gebunden werden, um den Umhang zu halten. Alternativ können Sie auch Stoffbänder am Umhang festnähen.

Zillys Lichterhaus (ab 4 Jahren)

Zillys Lichterhaus ist eine sehr wirkungsvolle Dekoration für drinnen und draußen.
Jedes Haus sieht anders aus, da es von den Kindern individuell gestaltet wird.

Material:
Scheren, ggf. 1 Cuttermesser, 1 spitze Schere, Transparentpapier, Kleber, Tonpapier, für jedes Kind 1 sauberer Milch- oder Saftkarton mit „Dach“, 1 Teelichthalter, 1 batteriebetriebenes Teelicht, 1 Laternenbügel, ggf. große Perlen, Nadel und Faden, ggf. Klarsichtfolie und bunte Klebefolien in verschiedenen Farben

Arbeitsanleitung:
1. Die Tür wird entweder mit einer Schere oder mit dem Cuttermesser (von der Erzieherin!) so ausgeschnitten, dass sie aufgeklappt werden kann. Dann werden noch Fensteröffnungen in den Karton geschnitten.
2. Danach dürfen sich die Kinder Transparentpapier für die Fenster aussuchen. Sie schneiden sich selbst ihre Formen zu (das Stück Papier muss größer sein als die Fensteröffnung) und kleben diese von außen auf die Öffnungen.
3. Nun wird das komplette Haus mit Tonpapier beklebt, die Fenster bleiben dabei natürlich frei. Auch hier sollten die Kinder ihre Gestaltung frei wählen dürfen. Einige Kinder werden sich filigrane Formen und viele Farben zuschneiden. Andere möchten ihr Haus aber eventuell ganz in schwarz basteln. Lassen die Kinder ihrer Kreativität freien Lauf, sehen die Ergebnisse am Ende alle unterschiedlich aus.
4. Dann wird in die Tür mit Hilfe der Erzieherin mit einer spitzen Schere ein Fingerloch gebohrt, damit man die Tür gut öffnen kann. Wer möchte, kann alternativ auch eine große Perle annähen.
5. Der Laternenbügel wird mit zwei Löchern im Dach befestigt. Der Teelichthalter wird im Inneren des Hauses festgeklebt.
6. Zum Schluss schaltet jedes Kind sein Teelicht ein und stellt es in das Lichterhaus.

Hinweis:
Die Lichterhäuser können nicht an einem Tag fertiggestellt werden. Teilen Sie die Arbeitsschritte in mehrere Etappen ein, zum Beispiel könnten am ersten Tag die Fenster fertiggestellt werden.

Erweiterung:
Wer mag, kann sich noch einen Zingaro basteln, die Hexe Zilly aufmalen, Fledermäuse aus Tonkarton ausschneiden usw. All diese Dinge werden zum Schluss auf das Haus geklebt.

Variante:
Soll das Lichterhaus später im Garten hängen oder wollen die Kinder es für ein Laternenfest nutzen, sollte es wetterfest sein. Kleben Sie dann über das Transparentpapier Klarsichtfolie und verwenden zum Dekorieren bunte Klebefolien anstatt Tonpapier.

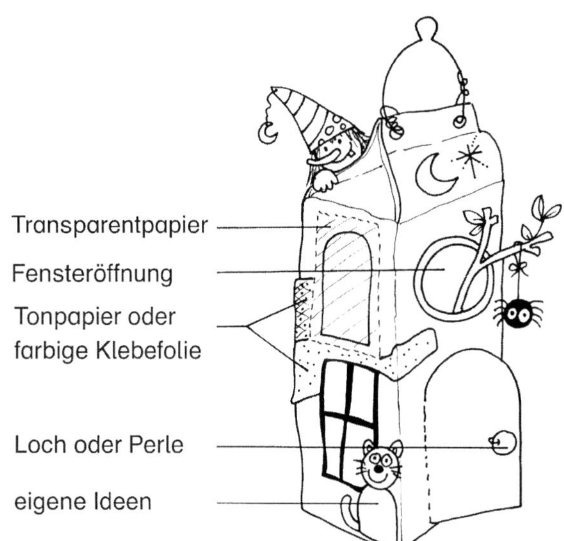

Schaukasten: Blick in Zillys Haus (ab 3 Jahren)

Material:
mindestens drei Schuhkartons mit Deckel, Kopiervorlage „Schaukasten“ (s. S. 33), Tonkarton, Kleber, Schere, Bunt- und Filzstifte, Klebeband, durchsichtige Folie in unterschiedlichen Farben (z. B. Prospekthüllen oder Einschlagfolie für Bücher) in der Größe des Schuhkartondeckels

Vorbereitung:
Kopieren Sie die Vorlagen mehrfach. Legen Sie alle Bastelmaterialien auf den Tischen bereit. Hierbei sollten Sie vorher überlegen, ob jedes Kind sich einen Schaukasten baut (dann sammeln Sie im Vorfeld genügend Schuhkartons), oder ob Sie eventuell nur drei gemeinsame Kästen basteln, die dann im Gruppenraum bleiben.
Sie können vorab einen Schaukasten vorbereiten und den Kindern zeigen. Erzählen Sie dazu die Geschichte (s. u.), während Sie reihum die Kinder durch das Sichtfenster schauen lassen. Nach dem Zauberspruch legen Sie die Folien auf und jedes Kind schaut wieder in den Karton hinein. Erklären Sie den Kindern, dass diese „Zauberei“ natürlich auch mit anderen Farben funktioniert. Doch legen Sie noch keine neue Folie auf. Das sollten die Kinder selbst ausprobieren, sobald sie den Schaukasten fertig gebaut haben.

Arbeitsanleitung:
1. Aus der schmalen Seite des Kartons wird ein Sichtfenster herausgeschnitten.
2. Die Kopiervorlagen werden auf den Tonkarton geklebt, ausgeschnitten und angemalt.
3. Nun werden die Laschen geknickt, damit die Figuren aufgestellt werden können. Damit sie im Schuhkarton stehen bleiben, werden sie mit Klebeband fixiert.
4. Aus dem Deckel des Kartons wird ein Rechteck herausgeschnitten. Lassen sie ca. 4 cm Rand, damit die farbige Folie darauf abgelegt werden kann.
5. Jetzt können die Kinder verschiedene Farbfolien auf den Deckel legen und entdecken, wie sich das Innere des Schaukastens verändert.

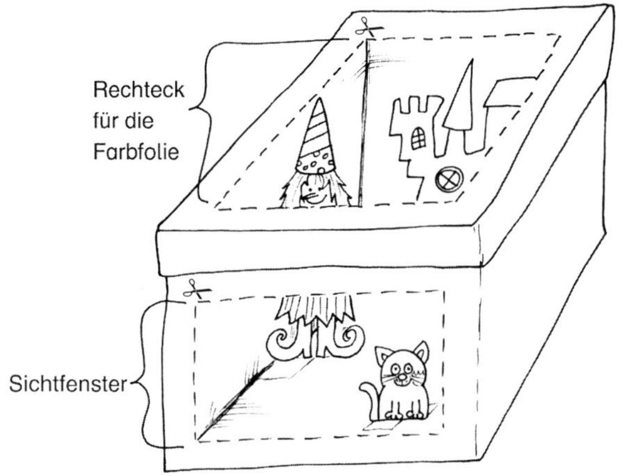

Hinweis:
Das Herausschneiden des Sichtfensters und des Rechtecks sollte ein Erwachsener übernehmen. Möchten die Kinder ihre Figuren im Kasten gern umstellen können, werden diese nicht fixiert.

Geschichte:
Erinnert ihr euch noch an Hexe Zillys bösen Sturz, als sie den schwarzen Zingaro in ihrem schwarzen Haus übersah? In welche Farbe verzauberte sie ihn? Wisst ihr es noch? …
Genau, grasgrün war der Kater. Heute früh spazierte er zu Zilly und fragte: „Kannst du mein Fell eigentlich auch zitronengelb zaubern? Oder himmelblau? Vielleicht sogar beerenlila?“ Zilly nahm ihren Stab und sprach: „Du wirst staunen, Zingaro. Ich werde nicht nur deine Farbe ändern, sondern unser Haus, die Bäume, dich und mich, einfach alles. Bist du bereit? Dann spreche ich nun die Zauberworte:

Simsalabim, viele Farben sind zu seh’n.
Simsalabim, doch die soll’n jetzt alle geh’n.
Simsalabim, bunte Dinge will ich nicht.
Simsalabim, jetzt erscheint nur gelbes Licht!“

Kopiervorlage: Schaukasten

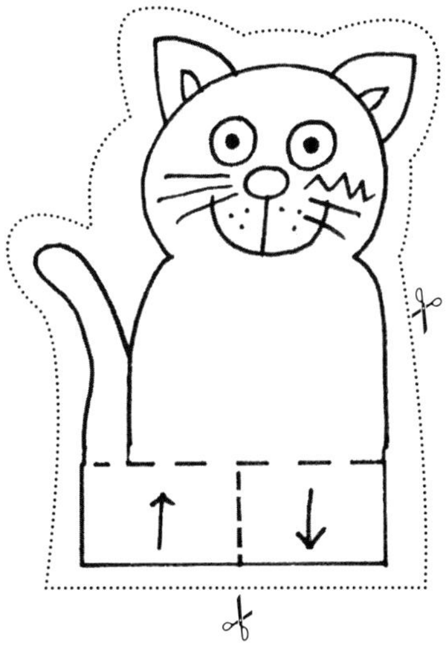

Zaubern mit der Zaubertüte (1) (ab 4 Jahren)

Material:
1 Blatt Papier in DIN A4, Kopiervorlage „Zingaro“ (s. S. 35), Buntstifte, ggf. Aufkleber und Glitzer

Vorbereitung:
1. Die Tüte wird aus dem DIN-A4-Blatt nach Anleitung (s. u.) gefaltet. In Schritt 4 werden die beiden zuletzt gefalteten Ecken leicht aufgeklappt und ineinandergesteckt. Dieser Arbeitsschritt ist etwas schwierig. Ruckeln Sie die Ecken beim Ineinanderstecken etwas hin und her, dann geht es leichter. Wenn die Kinder später selbst eine Zaubertüte falten dürfen, hilft hier am besten die Erzieherin. Die Kinder können die Tüte anschließend noch verzieren.
2. Die Vorlage „Zingaro“ wird kopiert und ausgeschnitten, ein Zingaro wird bunt, der andere Schwarz angemalt. Verstecken Sie den bunten Zingaro in einer der Öffnungen.

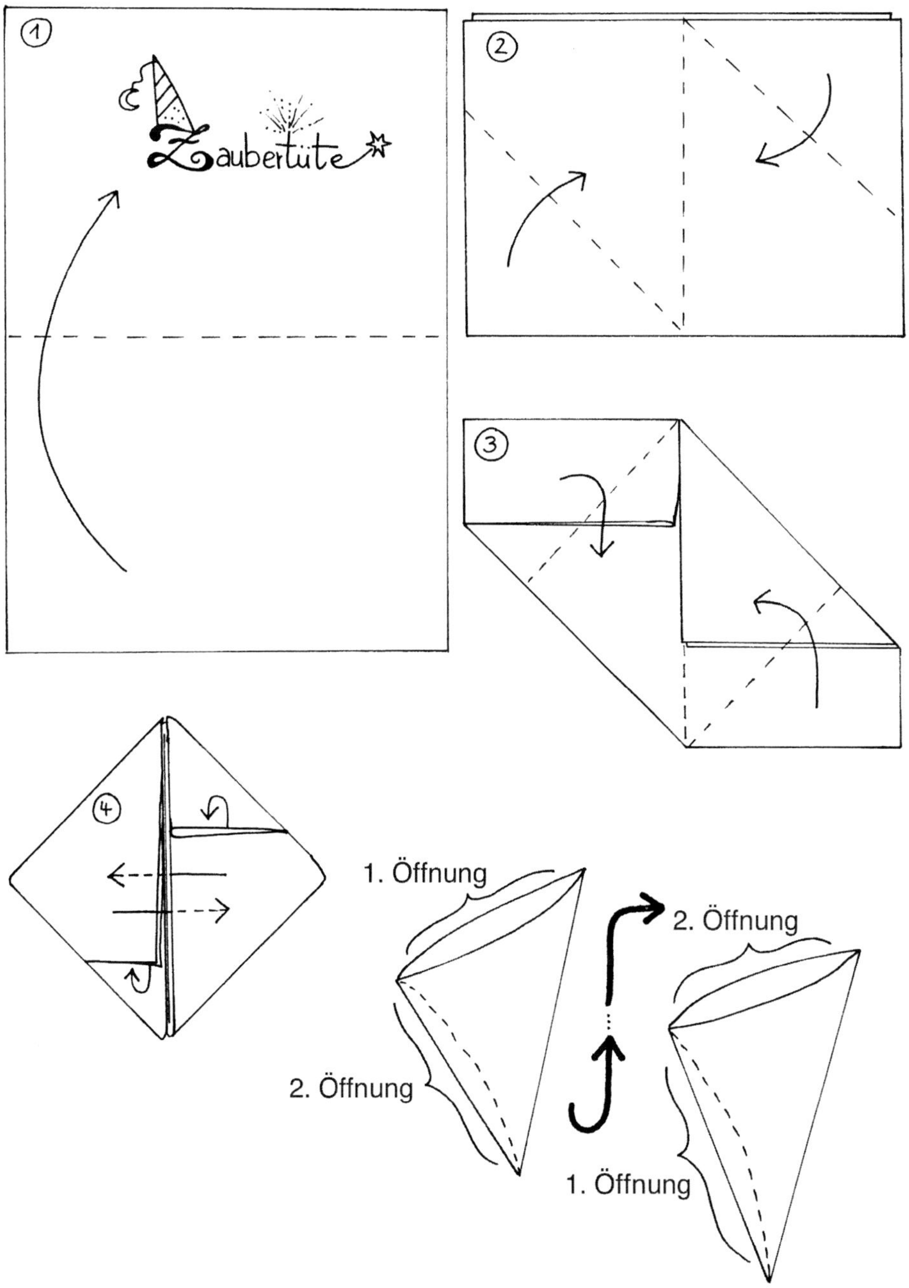

① Zaubertüte

②

③

④

1. Öffnung

2. Öffnung

2. Öffnung

1. Öffnung

BVK • Tanja Weber: Literacy-Projekt zu „Zilly und Zingaro. Zilly, die Zauberin“

Zaubern mit der Zaubertüte (2) (ab 4 Jahren)

Durchführung der Zauberei:

Halten Sie die Tüte so, dass die leere Öffnung oben ist. Nehmen Sie den schwarzen Zingaro dazu und erzählen Sie den Kindern, was Sie jetzt vorhaben:

„Seht mal, wen ich hier habe! Zingaro fühlt sich heute nicht so gut. Draußen ist es trübe und grau.
Dunkle Wolken stehen am Himmel. Zingaro fühlt sich selbst trübe, grau und dunkel. Er möchte Zilly bitten, ihn noch einmal bunt zu zaubern. Doch Zilly ist über ihrem Hexenbuch eingeschlafen und Zingaro möchte sie nicht wecken.
Aber wir können ihm helfen. Zilly hat mir zu meinem letzten Geburtstag eine Zaubertüte geschenkt, damit können wir Zingaro verzaubern. Ich kenne auch den richtigen Zauberspruch dafür."

Text:	**Ablauf:**
Hokus, in die Tüte rein! Pokus, du sollst anders sein!	*Den schwarzen Zingaro in die leere Öffnung stecken. Die Tüte hochhalten.*
Ich dreh die Tüte ganz geschwind …	*Mit den Armen umherschlängeln und dabei die Tüte unauffällig mit der anderen Öffnung nach oben drehen.*
und puste einen Zauberwind!	*Gegen die Tüte pusten und den bunten Zingaro aus der Öffnung holen.*

Hinweis:
Die Zaubertüte können Sie während des Projektes jeden Tag einsetzen. Sie können dabei verschiedene Dinge verzaubern. Im Bereich „Mathematische Bildung" zum Beispiel können Sie die Zaubertüte für das Angebot „Zauberei mit Farben und Formen" (s. S. 42) verwenden.
Tipp: Heben Sie sich die Lösung des Tricks bis zum Ende des Projektes auf. Danach kann jedes Kind sich seine eigene Zaubertüte falten und den Trick üben.

Kopiervorlage: Zingaro

↑
bunt anmalen

↑
schwarz anmalen

Zillys Duftsäckchen (ab 3 Jahren)

Material:
verschiedene Kräuter und Pflanzen, die einen Duft ausströmen (z. B. Pfefferminze, Lavendel, Eberraute, Kamille, Thymian, Waldmeister, Zitronenmelisse, stark duftende Rosenblätter usw.), Zeitungspapier, Kordel, befüllbare Teebeutel (ca. 20 x 8 cm), Geschenkband, ggf. alte Waschlappen, Schere, Knöpfe, Nadel und Faden, farbiger Tonkarton, 1 kleines Büchlein (Herbarium), Stifte

Vorbereitung:
Die Kräuter können Sie vorab besorgen oder aber auch gemeinsam mit den Kindern in einer Gärtnerei aussuchen. Hier kann auch „vorgeschnuppert“ werden.

Arbeitsanleitung:
1. Lassen Sie die Kinder an den verschiedenen Kräutern riechen. Erklären Sie, dass Zilly vor ihrem Haus einen Hexengarten hat, in dem viele Kräuter wachsen. Wer die Augen schließt, kann vielleicht sogar Farben riechen: Minze riecht grün, Lavendel riecht Lila …
2. Die Kinder suchen sich Kräuter aus und zupfen einzelne Blätter / Stängel zum Trocknen ab. Diese werden auf Zeitungspapier auf die Fensterbank gelegt oder an eine Kordel geknotet, die aufgehängt wird.
3. Nach ungefähr zwei Tagen können die Kinder schon sehen und fühlen, wie trocken die Pflänzchen geworden sind. Sie suchen sich ihre Wunschkräuter aus und stecken sie in einen Teebeutel. Nachdem dieser mit einem hübschen Band verschlossen wurde, zerreiben die Kinder den Inhalt durch den Beutel. Jetzt dürfen alle schnuppern: Wie riechen die Kräuter? Können vielleicht Farben erschnuppert werden?

Variante:
Für die Teebeutel kann eine Waschlappen-Tasche genäht werden.Hierzu wird an der offenen Seite von einer Waschlappenhälfte ein ca. 6 – 7 cm tiefes Stück ausgeschnitten. In die so entstandene obere Lasche wird ein kleiner Schlitz als Knopfloch geschnitten. An den vorderen Teil des Lappens wird ein Knopf angenäht. Die obere Lasche kann nun wie ein Täschchen zugeknöpft werden.

Erweiterung:
Informieren Sie sich über die unterschiedlichen Wirkstoffe der Kräuter, die sie getrocknet haben. Für Kinder ist es interessant zu erfahren, welche Wirkung die einzelnen Pflanzen haben. Sie können auch gemeinsam ein Herbarium herstellen. Dafür wird von jedem Kraut ein Zweig gepresst, getrocknet und später in ein kleines Büchlein geklebt. Die Farben der Buchseiten können dem Riechempfinden der Kinder zugeordnet werden, indem farbiger Tonkarton verwendet wird. Sie können außerdem die Eigenschaften der Pflanzen dazuschreiben.

Farbexperiment (ab 3 Jahren)

Material:
6 kleine, leere Marmeladengläser, Wasser, Finger-, Acryl- oder Lebensmittelfarbe in Blau, Gelb und Rot, 3 Löffel, 3 Taschentücher oder Küchenpapier

Vorbereitung:
Erzählen Sie den Kindern, dass Sie ein Farbexperiment mit ihnen vorhaben. Verraten Sie aber noch keine Details, um die Spannung zu erhöhen.
Dann dürfen die Kinder alle Gläser ca. ¾ voll mit Wasser befüllen. In jeweils zwei Gläser tropfen sie etwas von der gleichen Farbe hinein (also zweimal Blau, zweimal Gelb, zweimal Rot) und rühren so lange, bis die Farbe sich aufgelöst hat.
Nun werden immer zwei Gläser mit verschiedenen Grundfarben in einem Abstand von ca. 5 cm nebeneinander gestellt.

Anleitung:
1. Zur Einleitung des Experiments können Sie den Kindern etwas über Zillys „Zauberwasser" erzählen: „Erinnert ihr euch, wie bunt Hexe Zilly ihren Kater und all die anderen Dinge gezaubert hat? Hier vor uns steht nun Zillys Zauberwasser. Zilly sagt, dass wir mit diesen Gläsern neue Farben zaubern können. Und das wollen wir jetzt mal ausprobieren."
2. Falten Sie ein Taschentuch auseinander und falten es dann zweimal längs wieder zusammen. Zwei Kinder dürfen die anderen beiden Tücher auf die gleiche Weise nachfalten.
3. Hängen Sie nun die Papierbahn als „Brücke" von dem blauen Wasser in das gelbe Wasser hinein. Das Tuch muss dabei die Flüssigkeiten berühren. Die Kinder können beobachten, wie die beiden Farben das Tuch einfärben und immer weiter nach oben „klettern". Was geschieht, wenn Blau und Gelb aufeinandertreffen?
4. Die Kinder hängen nun ihre Tücher in die nächsten Gläser und können beobachten, wie weitere Farben entstehen.

Erweiterung:
Stellen Sie weitere Gläser auf oder führen das Experiment mehrmals durch (evtl. auch an Folgetagen), dann können die getrockneten Farbtücher auf Papier geklebt und mit ins Portfolio eingeheftet werden.

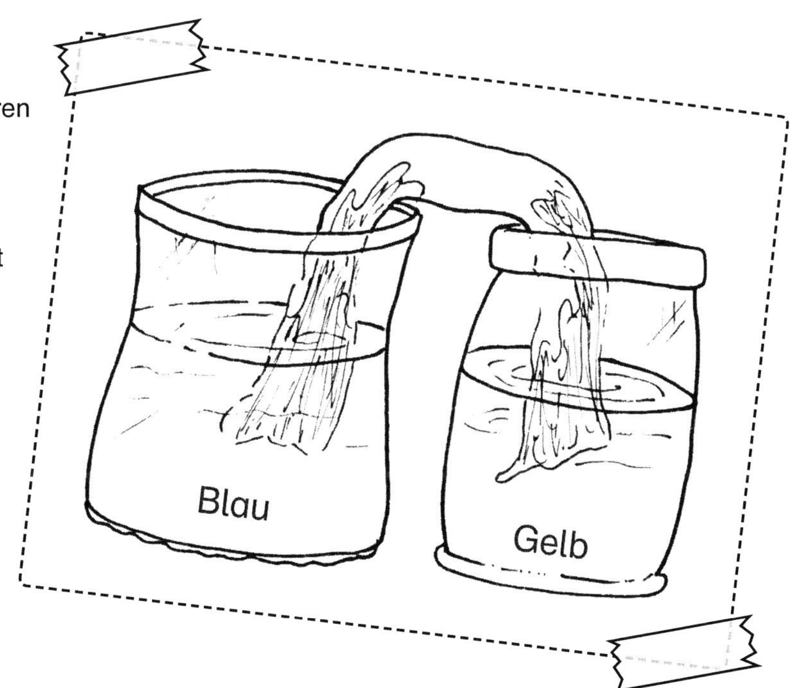

Zauberei: Zillys magischer Zaubertrank (ab 2 Jahren)

Material:
1 durchsichtiger Krug mit Kirschsaft, 2 durchsichtige Plastikbecher, 1 dicke Nadel, Tuch, Feuerzeug, Heißkleber

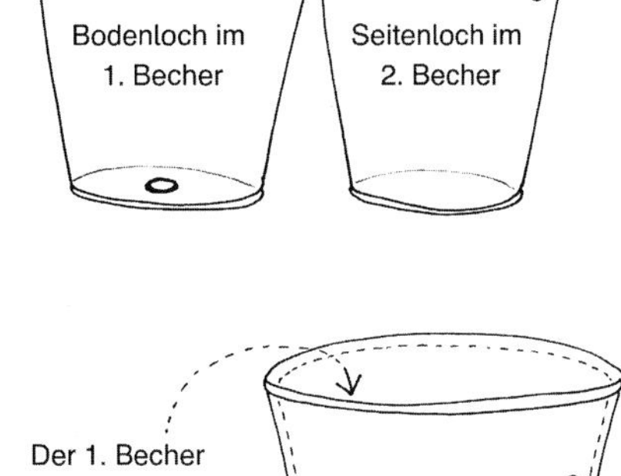

Vorbereitung:
1. Die Nadel wird mit dem Feuerzeug erhitzt und dabei mit einem Tuch festgehalten (als Schutz vor der Hitze). Nun wird mit der heißen Nadel in den Boden des ersten Bechers und in die Seite des zweiten Bechers jeweils ein Loch von ca. 5 cm Durchmesser gestochen (s. Zeichnung).
2. Der erste Becher wird in den zweiten hineingestellt und der obere Rand wird mit Heißkleber verschlossen. Sie können den Trick vorab üben, damit alle Handgriffe sitzen.

Durchführung:
Bringen Sie die Kinder zum Staunen, indem Sie den Zaubertrick vorführen. Zu jedem Schritt sprechen Sie den passenden Text.

Text:	**Anleitung:**
Hier seht ihr Zillys Zaubertrank.	*Der Krug mit Kirschsaft wird gezeigt.*
Zingaro liebt diesen Trank besonders nach dem Aufstehen, davon wird er immer putzmunter. Zilly schenkt ihm etwas ein.	*Den präparierten Becher mit dem Saft füllen.*
Oh, das ist aber zu viel. Zilly soll wieder etwas zurück in den Krug füllen.	*Den Becher umdrehen und den Saft zurück in den Krug füllen. Dabei mit dem Daumen das Loch des äußeren Bechers zuhalten, so bleibt etwas Saft zwischen den Becherwänden. Der Daumen verschließt weiterhin das Loch. Danach wird der Becher wieder mit der Öffnung nach oben gezeigt. Es scheint, als wäre noch der ganze Saft darin.*
Was ist geschehen? Wieso ist der Becher noch voll?	*Fragend in das Publikum blicken.*
Ach ja, es ist doch ein Zaubertrank! Ohne magische Worte bleibt der Saft im Becher. Also sprechen wir Zillys Zauberspruch: Nur etwas Saft, nur etwas Trank, Hokuspokus, vielen Dank.	*Den Daumen langsam vom Loch nehmen. Plötzlich leert sich der Becher vor den Augen der Zuschauer wie von Zauberhand zur Hälfte.*

Leckerer Hexenkuchen (ab 3 Jahren)

Zutaten (für eine Kastenform):
150 g Butter, 150 g Zucker, 150 g Mehl, 3 Eier, ½ Päckchen Backpulver, 1 Prise Salz, Fett für die Form, ggf. Puderzucker und Wasser oder Kuvertüre, Dekoration (z. B. bunte Streusel, Fruchtgummi, kleine Kekse, Weintrauben)
Hinweis: Wollen Sie ein Hexenhaus (s. u.) backen, benötigen Sie zwei Kuchenformen und die doppelte Menge der Zutaten.

Arbeitsmittel:
1 Rührschüssel, 1 kleine Schüssel, Handmixer, Küchenwaage, Backpinsel, Kastenform, Backofen, Topflappen, Auskühlgitter, ggf. 1 kleiner Topf zum Schmelzen der Kuvertüre oder eine kleine Schüssel und ein Schneebesen für den Zuckerguss, 1 Messer, 1 großes Tablett, Kopiervorlage „Leckerer Hexenkuchen" (s. S. 40), Tonkarton, Schere, Buntstifte, Klebefolie

Zubereitung einfache Variante:
1. Butter, Zucker und Eier schaumig rühren.
2. Mehl, Backpulver und Salz mischen, nach und nach unter die schaumige Masse rühren.
3. Die Kuchenform einfetten und den Teig ca. 40 Minuten lang bei 180 °C backen.
4. Nach dem Auskühlen kann der Kuchen, je nach Vorlieben der Kinder, noch mit Zuckerguss oder Kuvertüre überzogen und dekoriert werden.

Zubereitung aufwändige Variante „Zillys Hexenhaus":
1. Bereiten Sie zwei Kuchen wie oben beschrieben zu.
2. Sind beide Kuchen abgekühlt, werden sie wie auf der Zeichnung beschrieben geschnitten und auf einem großen Tablett zusammengesetzt.

1. Kuchen

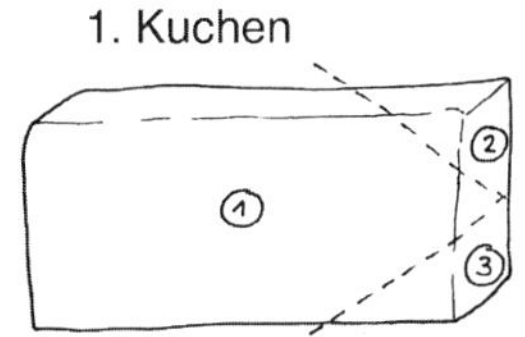

2. Kuchen

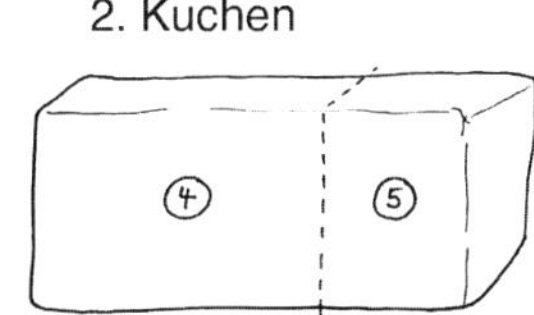

3. Dekoration: Bereiten Sie einen Zuckerguss zu oder schmelzen die Kuvertüre im Topf. Dann wird das Hexenhaus mit der Glasur bestrichen, dadurch halten die Teile auch besser aneinander. Während die Glasur trocknet, kleben die Kinder die Dekoration an das Haus.
4. Die Fenster und Figuren werden auf Tonkarton geklebt, angemalt und ausgeschnitten. Die Kinder können sich selbst in die leeren Fenster hineinmalen.
   Zur besseren Haltbarkeit oder Wiederverwendung können diese auch mit durchsichtiger Klebefolie überzogen werden.
   Die Laschen werden nach hinten gefaltet, dann können die Fenster und Figuren in den Kuchen gesteckt werden.

Zusammenbau und Süßigkeiten

Kopiervorlage: Leckerer Hexenkuchen

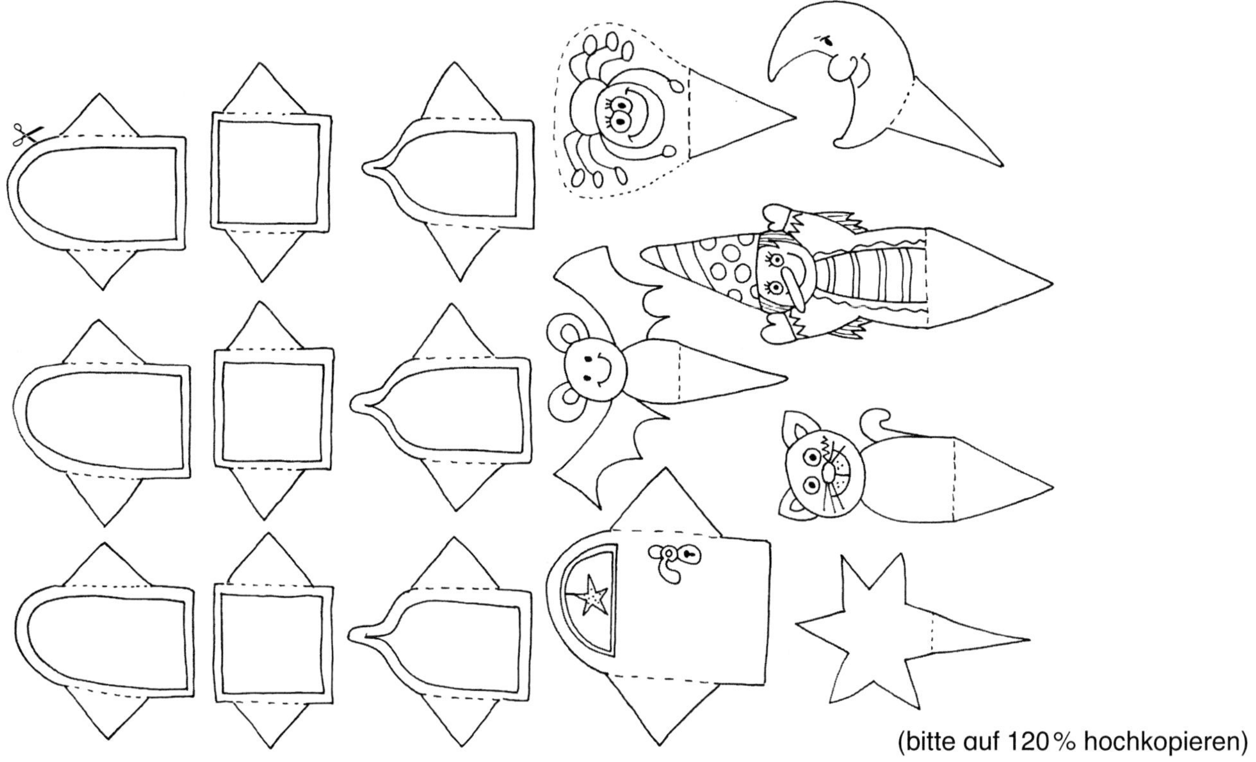

(bitte auf 120 % hochkopieren)

Grüner Zaubertrank (ab 3 Jahren)

Zutaten für ca. 1 l Zaubertrank:
500 ml Buttermilch, 200 ml Sahne, 250 ml Waldmeistersirup,
1 Päckchen Vanillinzucker, Würmer oder Schlange aus Weingummi

Arbeitsmittel:
1 Rührschüssel, Handmixer, 1 leere Flasche für 1 l Flüssigkeit,
1 Trichter, kleine Gläser oder Becher, Strohhalme

Zubereitung:

1. Alle Zutaten – außer dem Weingummi – werden in der Schüssel gemixt.
2. Dann wird alles mit Hilfe des Trichters in die Flasche gegossen.
3. Vor dem Verzehr muss das Getränk einige Zeit in den Kühlschrank gestellt werden. Bevor die Gläser befüllt werden, sollte die Flasche noch einmal geschüttelt werden. Zum Schluss garniert ein „Zauberwurm" (Weingummi) das Getränk. Mit Strohhalmen lässt es sich besser trinken.

Wenn Sie eine größere Menge herstellen wollen, füllen Sie das Getränk in mehrere Flaschen oder in ein Bowlegefäß. Bieten Sie den Zaubertrank den Gästen beim Zauberfest (S. 45) an.

Erweiterung:
Für einen rosafarbenen Zaubertrank ersetzen Sie den Waldmeistersirup durch Himbeersirup, hellblauer Zaubertrank entsteht mit blauer Lebensmittelfarbe und Zucker.

Bilder-Kopiervorlage von Zutaten und Haushaltsgegenständen

Leckerer Hexenkuchen

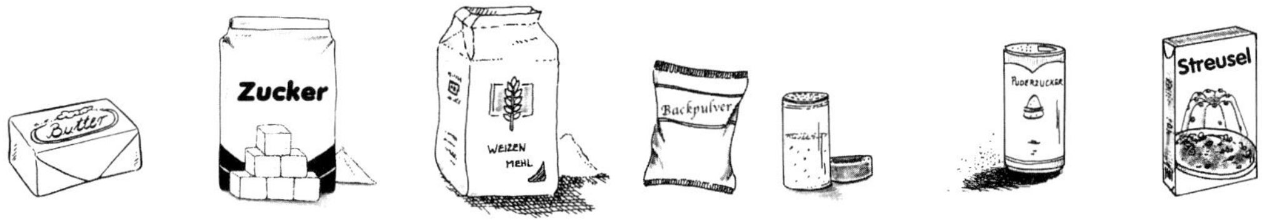

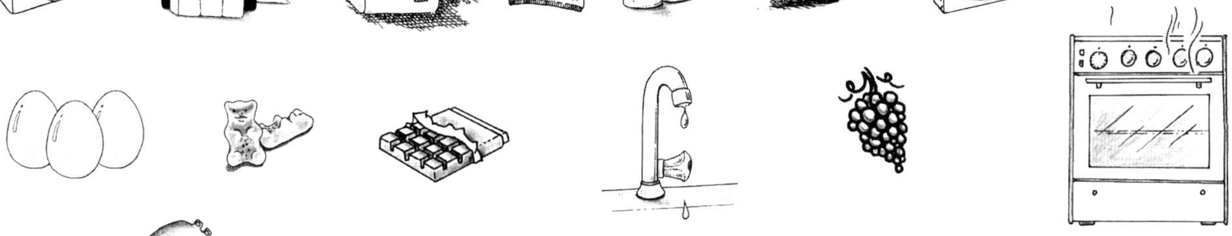

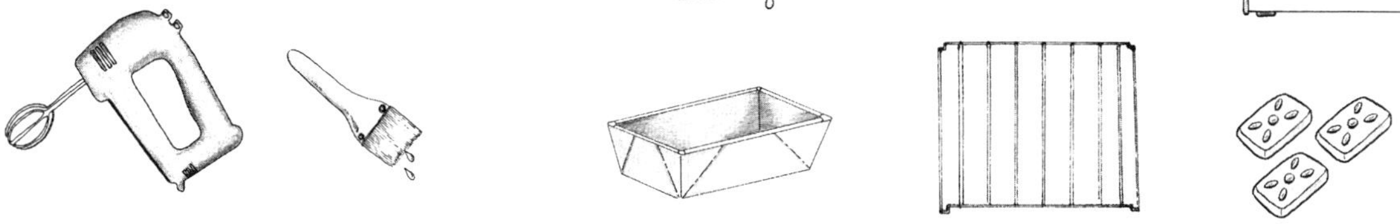

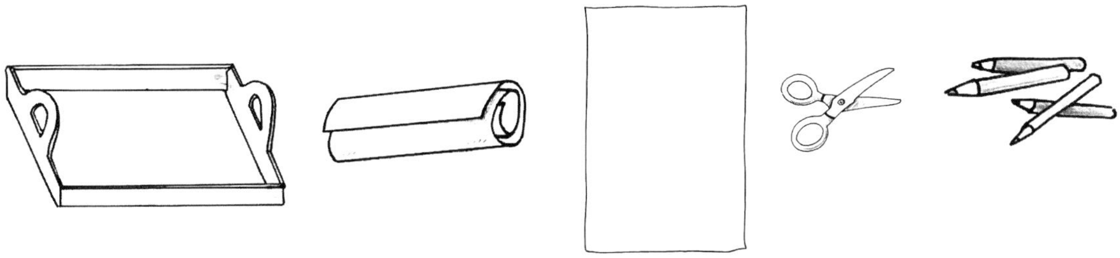

Grüner Zaubertrank

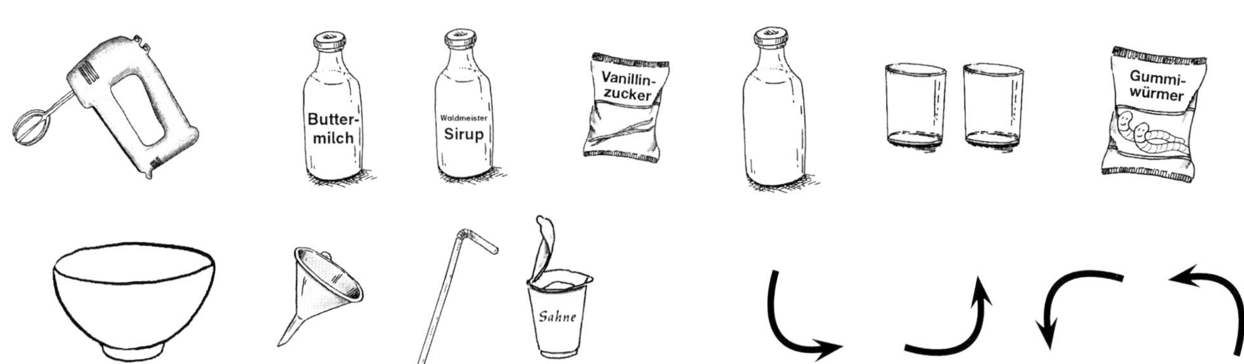

Zauberei mit Farben und Formen (ab 4 Jahren)

Material:
gebastelte Zaubertüte (s. S. 34 „Zaubern mit der Zaubertüte"), Kopiervorlage „Geometrische Formen" (s. u.), Bleistift, Schere, Tonkarton in Blau, Rot, Gelb, Grün, Orange und Lila

Vorbereitung:
Übertragen Sie die Formen auf den Tonkarton und schneiden diese aus. Fertigen Sie jede Form in allen Farben an.

Arbeitsanleitung:
Farbenzauber
Mit Hilfe der Zaubertüte können Sie den Kindern das Mischen von Grundfarben verdeutlichen (s. S. 5). Stecken Sie dazu vorab die Mischfarbe, die sich ergibt (z. B. einen lila Kreis) in eine Öffnung der Tüte. Dann zeigen Sie den Kindern, wie Sie die anderen beiden Farben (Kreise in Rot und Blau) in die andere Öffnung stecken. Führen Sie dabei den „Zaubertrick" wie auf Seite 35 durch und drehen die Tüte, sodass Sie nun aus der oberen Öffnung die Mischfarbe hervorholen können.

Formenzauber
Vorab wird in eine Öffnung ein Dreieck gesteckt. Dann wird den Kindern ein Kreis gezeigt. Die Kinder sollen zunächst die Form richtig benennen, bevor diese in die Tüte gesteckt wird. Wiederholen Sie die Frage nach dem Namen der Form ruhig mehrfach, damit auch unsichere Kinder antworten können. Zaubern Sie dann das versteckte Dreieck hervor. Nach allgemeiner Verwunderung wird es beiseite gelegt. In die leere Öffnung kommt nun das Quadrat, nachdem die Kinder auch diese Form benannt haben. Zaubern Sie nun wieder den Kreis hervor. Später kann auch noch ein Rechteck hinzugenommen werden.

Kombination aus Farben und Formen
Sie können auch mehrere Zaubertüten bereitlegen, um das Lernziel Farben und Formen zu verbinden. Dann werden einzelne Formen mehrmals in unterschiedlichen Farben eingesetzt.

Während der Zauberei können Sie einen Bezug zum Bilderbuch herstellen: Zilly hat heute keinen Appetit auf Äpfel und Pflaumen. Aus einem **roten** Apfel und einer **blauen** Pflaume zaubert sie sich kurzerhand köstliche **lila**farbene Weintrauben.
Tipp: Die Formen könnten die vielen Fenster im Haus sein, die verändert werden sollen.

Kopiervorlage: Geometrische Formen

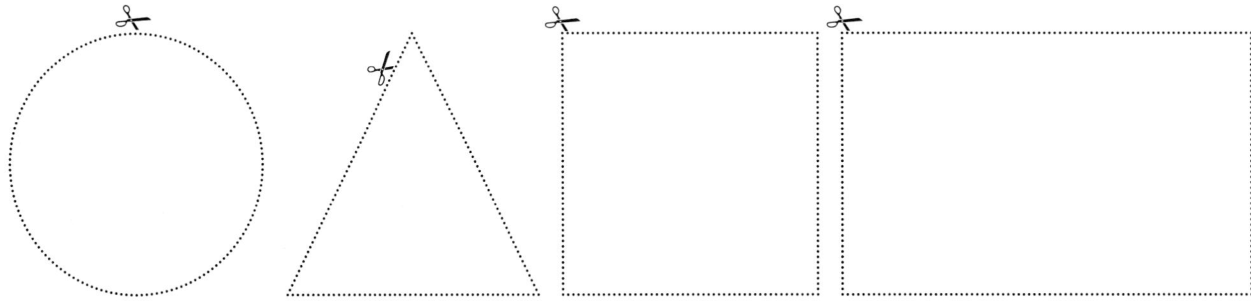

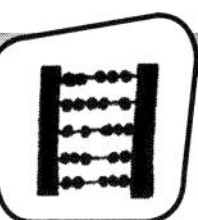

Verbinde die Zahlen (ab 4 Jahren)

Verbinde die Zahlen. Was siehst du?

Male dann das Bild bunt aus.

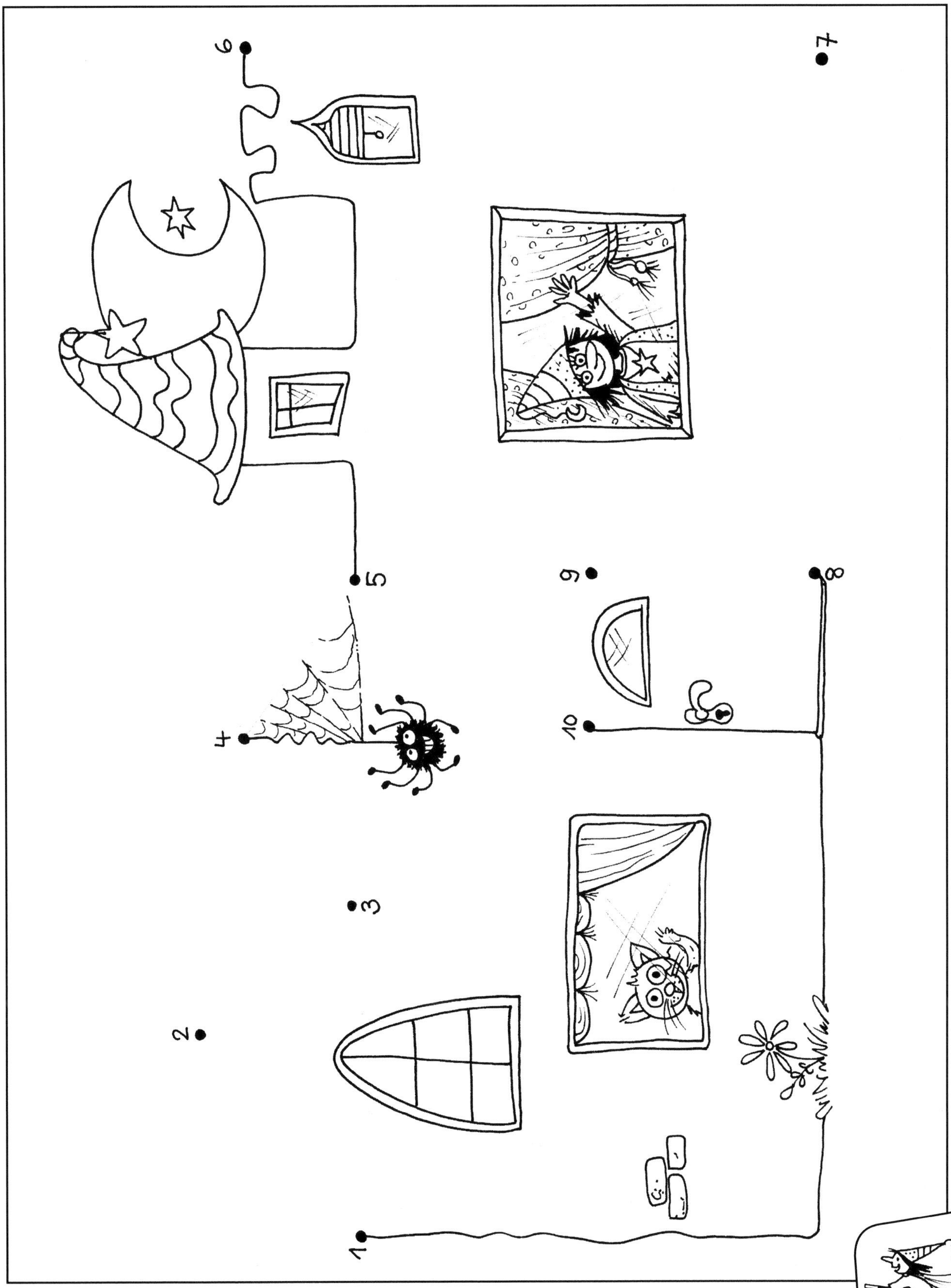

1 2 3 4 5 6 7 8 9 10

Zähle mit Zilly (ab 5 Jahren)

Zilly zeigt dir ihre Zählhände. ✏ Verbinde sie mit den richtigen Zahlen.
✏ Schreibe dann die Zahlenreihe weiter.

1						
2						
3						
4						
5						
6						
7						
8						
9						
10						

Zilly und Zingaro feiern ein Zauberfest (1) (ab 2 Jahren)

Am letzten Projekttag können Sie gemeinsam mit den Kindern ein Zauberfest feiern.
Sie können dazu auch andere Gruppen aus Ihrem Haus einladen oder die Familien der Kinder.

Material:
weißes Papier (für die Einladungskarten), Buntstifte, Filzstifte, Bastelarbeiten der Kinder, bunte Chiffontücher;
zusätzlich für das Theaterstück: Hexenkostüm, Zauberstab, Karnevalsschminke, 1 Stuhl, 1 Buch, Küchenutensilien, jeweils 1 Umhang in Grün / Schwarz / Bunt, 1 kleiner Teppich, 1 Kuscheldecke, künstliche Blumen

Einladungskarten:
Schreiben Sie nur einen kleinen Text mit Datum und Uhrzeit auf weißes Papier. Die Kinder dürfen ihre Einladungen selbst gestalten und danach an die Gäste verteilen.

Dekoration:
- an der Wand: „Lustige Hexengalerie“ (S. 25), „Murmelbilder“ (S. 28)
- am Fenster oder von der Decke hängend: „Zillys Lichterhaus“ (S. 31)
- auf dem Projektisch: Alle Angebote, die Sie während des Projektes durchgeführt haben, zum Beispiel die Schwungübungen und das Wimmelbild, außerdem das Bilderbuch.
- Vielleicht haben Sie auch noch Halloween-Dekorationen wie Spinnennetze, Fledermäuse oder Kürbisse, mit denen Sie den Raum schmücken.

Verkleidung für die Kinder:
Zauberstab (S. 29), Hexenbesen (S. 29), Hexenhut (S. 30) und Magischer Umhang (S. 30)

Begrüßung:
Überraschen Sie die Kinder mit folgendem Text oder lassen Sie diesen von den älteren Kindern aufsagen:

> Herzlich Willkommen ihr alle hier, denn ihr wisst ja, heute feiern wir!
> Zilly und Zingaro laden ein, bei diesem Fest dabei zu sein.
> Es wird gezaubert und gelacht, gesungen und Musik gemacht.
> Jetzt wollen wir nicht länger warten und mit unserer Feier starten.

Begrüßungslied:
Singen Sie gemeinsam mit den Kindern das Lied „Wo ist der Zauberstab?“ (S. 23), ein Kind spielt Zilly mit Verkleidung. Ein zweites Kind ist mit dem Zauberstab als Zingaro versteckt und kommt am Ende hervor. Alle Kinder tanzen dann mit bunten Tüchern zum Schlussrefrain.
Sie können auch eines der anderen Lieder auswählen und es von den Kindern mit Instrumenten begleiten lassen.

Zilly und Zingaro feiern ein Zauberfest (2) (ab 2 Jahren)

Theater:
Während Sie das Bilderbuch vorlesen, spielen die Kinder die Geschichte nach. Verteilen Sie die Rollen von Zilly und Zingaro schon vor dem Fest und studieren diese mit den Kindern ein. Als Spielutensilien benötigen Sie die Hexenverkleidung, den Zauberstab und einen schwarzen Umhang für Zingaro. Sie können dem Kind, das Zingaro spielt, auch ein einfaches Katzengesicht mit Schnurrbarthaaren schminken.

Requisiten für die einzelnen Szenenbilder:
- 1. Doppelseite: Ein schwarz ausgemaltes Wimmelbild (S. 10), möglichst in DIN-A3-Größe, zeigen.
- ab der 2. Doppelseite: Stuhl und Buch, eventuell Küchenutensilien
- 5. Doppelseite: grüner Umhang für Zingaro
- 6. Doppelseite: Stuhl, Teppich und Kuscheldecke als Bett
- 7. Doppelseite: künstliche Blumen
- 8. Doppelseite: bunte Chiffontücher, die Zilly wütend durcheinanderwirft
- 9. Doppelseite: bunter Umhang für Zingaro
- 10. Doppelseite: Stuhl als Baum
- 11. Doppelseite: schwarzer Umhang für Zingaro und bunte Chiffontücher für die Zauberei
- 12. Doppelseite: Ein bunt ausgemaltes Wimmelbild (S. 10), möglichst in DIN-A3-Größe, zeigen

Zauberei mit der Zaubertüte:
Wenn die Kinder die Zaubertüte von Seite 34 noch nicht kennen, dann überraschen Sie die Zuschauer mit dieser Zauberei. Haben Sie den Trick bereits verraten, dann sollten die Kinder selbst die Zauberei vorführen.

Zauberei: Zillys magischer Zaubertrank
Führen Sie den Zaubertrick von Seite 38 vor. Wenn Sie diesen noch nicht in der Gruppe vorgeführt haben, ist es auch für die Kinder eine ganz besondere Vorstellung, da sie ja den Trick noch nicht kennen.

Mitmachlied:
Singen Sie gemeinsam mit den Kindern das Lied „Ich bin die Hexe Zilly“ (s. S. 21). Die Gäste dürfen selbstverständlich mitmachen.

Der Abschluss:
Alle Kinder und Gäste bilden Hand in Hand einen Abschlusskreis. Folgenden Satz können Sie laut sprechen, evtl. wird der Abschied vorher mit den Kindern eingeübt:

> Wir sagen nun: „Auf Wiedersehn!“, die Feier hier war wunderschön.
> Zilly und Zingaro luden ein, bei diesem Fest dabei zu sein.
> Wir haben gezaubert und gelacht, gesungen und Musik gemacht.
> Nun ist unsere Feier aus – wer mag, der schenkt uns jetzt Applaus.

Entspannungsmassage mit Zillys Besen (ab 3 Jahren)

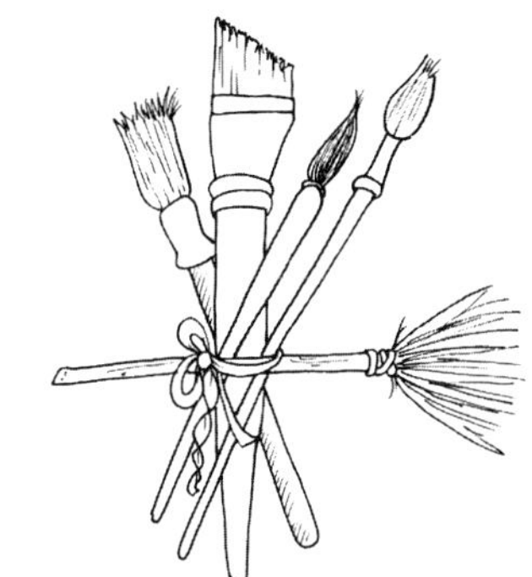

Material:
Wolldecken, Matratzen oder weicher Teppich, verschiedene Pinselarten, die sich durch ihre Eigenschaften und Formen unterscheiden (z. B. breite Borstenpinsel, weiche Acrylpinsel)

Vorbereitung:
Richten Sie mit den Materialien einen großen Kuschelplatz her, dunkeln Sie den Raum etwas ab und schließen die Fenster, um eine gemütliche Atmosphäre zu schaffen. Die Pinsel werden bereitgelegt.

Durchführung:
Sprechen Sie auf dem Kuschelplatz das Thema „Massage" an. Einige Kinder werden von Erfahrungen berichten. Erklären Sie, was eine Partnermassage ist und dass diese heute nicht mit den Händen, sondern mit Zillys Besen gemacht wird. Zeigen Sie die unterschiedlichen Pinsel und erklären den Kindern, dass dies die Hexenbesen sind. Gehen Sie reihum und lassen die Kinder die verschiedenen Borsten berühren. Ein Kind sucht sich einen dieser Pinsel aus und legt sich auf den Bauch. Sie fragen: „Darf ich dich mit Zillys Besen massieren?" Dann „bepinseln" Sie Rücken, Arme und Hände, die Haare, Beine und Füße des Kindes. Fragen Sie anschließend: „Wie fühlt sich das für dich an?"
Die anderen Kinder suchen sich nun ebenfalls einen Partner und wählen einen Massagepinsel. Die Kinder suchen sich einen Platz und überlegen, wer der Masseur ist und wer massiert wird. Dann erzählen Sie die Geschichte und machen die Bewegungen vor. Ihre Pinselbewegungen müssen gut zu sehen sein, damit alle erkennen, wo sie mit dem Besen entlangfahren sollen. Bauen Sie nach jeder neuen Berührung Textpausen ein, damit die liegenden Kinder jede Massageeinheit genießen können.
Aber nicht alle Kinder mögen Berührungen, das muss akzeptiert werden. Sie könnten beim Vorlesen einfach zuschauen.

Geschichte:

Stell dir vor, du bist Kater Zingaro und liegst ganz entspannt auf der Wiese vor dem Hexenhaus. Die Sommersonne wärmt dein Fell. Wenn du magst, schließe die Augen und atme langsam tief ein und aus.
Du genießt die Ruhe und bist kurz davor einzuschlafen.
Da spürst du plötzlich auf deinem Rücken leichte Streichelbewegungen *(mit dem Pinsel am Rücken leicht auf und ab fahren).*
Das ist Hexe Zilly. Sie fliegt über dir und berührt dich leicht mit ihrem Besen *(weiter pinseln).*
Neben dir im Gras stehen Farbtöpfe. Zilly fragt dich, ob sie dich bunt anpinseln darf und du bist einverstanden. Zilly fliegt mit ihrem Besen zum roten Farbtopf und tunkt die Borsten ein. Auf deinem Rücken malt sie einen großen Kreis *(mehrere Kreisbewegungen machen).*
Das Rot ist jetzt aufgebraucht. Zilly tunkt ihren Besen gleich in die anderen Töpfe und wird dich kunterbunt anstreichen.

Mit Grün malt sie Schlangenlinien auf deinen Rücken *(Schlangenlinien auf den Rücken malen).*
Mit Orange malt sie dir Zickzacklinien auf deine Beine *(Zickzacklinien auf die Beine malen).*
Mit Gelb werden deine Füße bestrichen *(Fußinnenflächen bepinseln).*
Der Besen fährt langsam von deinem Fuß das Bein entlang hinauf, über den Po, den Rücken hinauf, auf eine Schulter und den Arm hinab bis zu deiner Hand *(den beschriebenen Weg mit dem Pinsel nachfahren).*
Der Besen malt deine Hand lila an *(Handinnenfläche bepinseln).*
Deine andere Hand wird weiß gestrichen *(andere Handinnenfläche bepinseln).*
Mit Blau betupft Zilly deine Arme *(kleine Tupfen auf beide Arme machen).*
Die Farbtöpfe sind fast leer und du bist jetzt so schön bunt, Zingaro. Aber deine Haare sind ja noch ganz schwarz! Zilly kratzt mit ihrem Besen die Reste aus den Töpfen und bepinselt deine Haare in allen Farben *(vorsichtig in den Haaren hin und her fahren).*
Deine Augen sind geschlossen und du stellst dir vor, wie kunterbunt du nun bist.
Du reckst dich und streckst dich.
Langsam setzt du dich hin.
Bedanke dich bei deinem Partner für die schöne Massage.

Nach der Geschichte können die Partner ihre Rollen tauschen und die Geschichte ein zweites Mal erleben. Sie können sich aber auch für den Folgetag merken, in welche Rolle sie schlüpfen und sich schon darauf freuen.

Vertiefung nach der Pinselmassage:
Um den Kindern die noch entspannte Körperphase zu erhalten, könnte eine Stille-Aktion folgen. Stellen Sie vor der Massage Zeichen- oder Tuschtische bereit. Die Kinder malen ihre Erlebnisse auf Papier.

Hinweis:
Sie werden erstaunt sein, wie sehr Kinder nach nur zwei Durchgängen die Pinselgegeschichte verinnerlicht haben. Da viele Kinder Entspannungseinheiten genießen, wird es vorkommen, dass sich später spontan einige finden, die die Massage noch einmal erleben wollen. Bieten Sie den Kindern einen Platz an, um sich zurückzuziehen. Es sollten alle Pinselarten zum Ausprobieren bereitliegen. Die Kinder werden schnell ihren „Lieblingsbesen“ entdecken. Eventuell haben Sie dann auch die Möglichkeit, das Geschehen zu verfolgen, um zum Beispiel die Farbkenntnis, die Ausdauer oder den Wortschatz der Kinder zu beobachten.

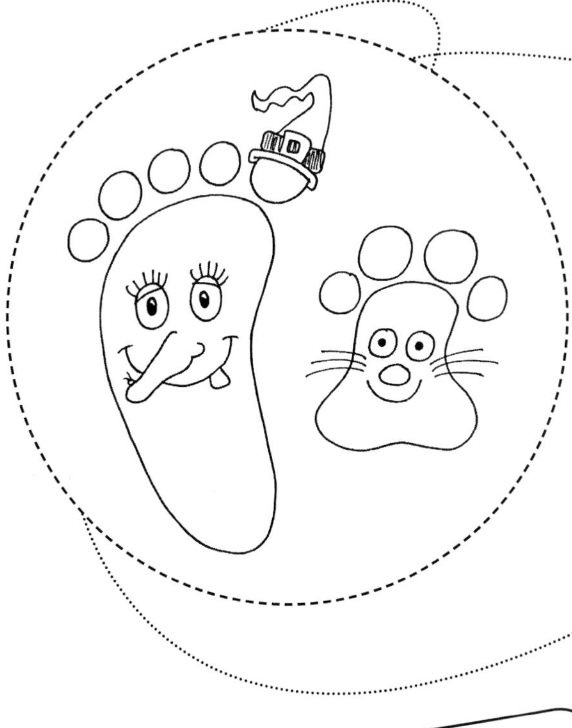

Lernziel:
Durch das Fallenlassen und Genießen tritt eine ruhige Atmung ein, der ganze Körper entspannt sich und die Körperwahrnehmung wird geschult.

Buntes Wimmelbild (ab 4 Jahren)

Material:
Kopiervorlage „Wimmelbild" (s. S. 10), Buntstifte

Vorbereitung:
Kopieren Sie das Suchbild für alle Kinder und legen die Buntstifte auf den Tischen aus.

Arbeitsanleitung:
Die Kinder dürfen sich das Bild zunächst in Ruhe anschauen. Wahrscheinlich wird eine Gesprächsrunde entstehen, auf die Sie eingehen können. Greifen Sie dann das Thema „Farben" auf. Anschließend sollen die Kinder einzelne Gegenstände in den von Ihnen genannten Farben ausmalen. Wurde etwas nicht verstanden, darf selbstverständlich nachgefragt und geholfen werden, auch ist gegenseitige Hilfe unter den Sitznachbarn wünschenswert, da die Kinder so ein Team-Gefühl entwickeln.
Bilden Sie Sätze, die viele Hinweise geben, zum Beispiel: „Vor dem Haus steht ein Baum. Ganz oben drauf sitzt eine Schlange. Male sie bitte grün an." Wenn Sie lebendige Erklärungen geben, werden die Kinder aufmerksamer bei der Sache sein.

ROT: Hexenkugel (neben der Tür)
BLAU: Hexenkessel (auf dem Balkon)
GELB: Besen (rechts vor der Haustür)
GRÜN: Schlange (auf dem Baum)
ORANGE: Socke (im Baum)
LILA: Fledermaus (links oben im Turmfenster)
ROSA: Herz (hinter dem Fenster oben rechts)
BRAUN: Eule (oben links)
SCHWARZ: Schornstein (auf dem Ziegeldach)
WEISS: „Und seht ihr auch das Gespenst ganz oben aus dem Turmfenster lächeln? Das bleibt weiß."

Hinweis:
Haben Sie mit den Kindern bereits „Ich sehe was, was du nicht siehst" (s. S. 9) gespielt, ist den Kindern das Wimmelbild schon vertraut. Sie benötigen also nicht so viel Zeit, um genannte Dinge zu entdecken.

Während die Kinder ausmalen, haben Sie die Möglichkeit, von Tisch zu Tisch zu gehen, um festzustellen, welche Kinder eventuell Schwierigkeiten haben. Greifen sie nach den richtigen Farben? Können sie die gesuchten Dinge schnell entdecken?

Lernziele:
aufmerksames Zuhören, visuelle Wahrnehmung, Konzentration, Farben erkennen

Barfuß-Spaziergang (ab 3 Jahren)

Material (für den Außenbereich):
Station 1: bunte Straßenkreide
Station 2: Fühlmaterial wie Tannenzapfen, Rindenmulch, Stroh, Sand, Korken, Zeitungspapier usw.
Station 3: mehrere Blechdosen oder kleine Eimer, Murmeln
Station 4: große Papierbahnen, Schalen mit Fingerfarben, Pinsel, kleine Eimer mit lauwarmem Wasser, alte Handtücher
Station 5: Kokosöl (Dieses Öl eignet sich gut, da keine Zusatzstoffe enthalten sind. Sie können auch Baby- oder Massageöl verwenden. Achten Sie unbedingt auf mögliche Allergien der Kinder!)

Vorbereitung:
Um den Barfuß-Spaziergang mit dem Bilderbuch in Verbindung zu bringen, erzählen Sie, dass Zingaro eine kleine Überraschung für Zilly vorbereiten möchte. Nach der ganzen Zauberei hat sie sich eine Erholung für die Füße verdient. Er möchte mit Hilfe der Kinder einen Barfußweg bauen. Nachdem Zilly den Weg gegangen ist, wird sie sich erholt fühlen und kann sich so richtig schön ausruhen. Dann werden die einzelnen Stationen gemeinsam aufgebaut.

Station 1: Gangarten
Malen Sie Kreidewege auf Gehwegplatten. Jede Farbe hat eine andere Gangart. Sie können zum Beispiel gelbe Schlangenlinien malen, hier wird später Fuß vor Fuß gesetzt. In grüne Kreise springen die Kinder mit geschlossenen Füßen von einem Kreis zum nächsten. Auf den weißen Punkten folgt dann der Zehenspitzengang. Für weitere Kreidewege greifen Sie die Ideen der Kinder auf und lassen sie mitmalen.

Station 2: Fühlen
Auf einem Rasenstück werden alle Fühlmaterialien nebeneinandergelegt.

Station 3: Greifen
Die Dosen werden mit der Öffnung nach oben aufgestellt, die Murmeln danebengelegt.

Station 4: Stempeln
Die Papierbahnen werden ausgebreitet und bei Wind eventuell an den Rändern mit Steinen beschwert. Daneben werden Farben, Pinsel, Wassereimer und Handtücher angeordnet.

Station 5: Massieren
Das Öl wird bereitgestellt.

Arbeitsanleitung:
Erklären Sie den Kindern bei jeder Station, was die Füße zu tun haben: „Wie auch Hexe Zilly es tun soll, ziehen wir uns die Schuhe aus und starten unseren Barfuß-Spaziergang."

Station 1: Der Reihe nach folgen alle Kinder dem Kreideweg mit seinen verschiedenen Gangarten.

Station 2: Bevor die verschiedenen Materialien erfühlt werden, gehen alle ein Stück auf dem Gras entlang. Die Materialien müssen nicht zügig durchlaufen werden. Jedes Kind lässt sich so viel Zeit, wie es mag.

Station 3: Hier sollen die Kinder mit den Zehen eine Murmel greifen und sie in die Dose befördern. Es können natürlich auch mehrere Murmeln hintereinander aufgehoben werden.

Station 4: Die Kinder bepinseln ihre Fußsohlen in den Farben ihrer Wahl und gehen dann auf einer Papierbahn spazieren. Im Anschluss werden die Füße im Eimer gewaschen und abgetrocknet.

Station 5: Die Kinder setzen sich in einen Kreis im Gras und warten, bis alle Barfüßler hier angekommen sind. Dann werden gemeinsam die Füße massiert.
Erzählen Sie: „Schließt einmal die Augen und seid ganz still! Spürt ihr eure Füße? Was ist das für ein Gefühl?"
Die Kinder berichten. Verteilen Sie nun reihum das Öl und zeigen an Ihren eigenen Füßen, wie massiert werden kann: kneten, streichen oder einzelne Zehen reiben.
Während die Kinder ihre Füße massieren, dürfen alle berichten, wie sich die einzelnen Stationen angefühlt haben.

Variante:
Sie können den Barfußweg auch heimlich anlegen und Ihre Kinder damit überraschen.

Hinweis:
Nachdem die Papierbahn getrocknet ist, kann sie aufgehängt und ausgestellt werden. Finden die Kinder ihre Fußabdrücke wieder?

Information / Lernziel:
Unsere Füße kommen selten in den Genuss, den Untergrund nackt zu spüren, dabei entspannt diese Art der Fußmassage den ganzen Körper. Tastsinn und Körperwahrnehmung werden geschult. Beim Barfußlaufen fließt das Blut besser durch den gesamten Körper, außerdem werden die Füße gestärkt und beweglicher.
Im Abschlusskreis wird während der Massage die Freude am freien Erzählen geweckt.

Hexendisco (ab 3 Jahren)

Material:
1 kleiner Besen (evtl. der selbst gebastelte Besen von S. 29), bunte Chiffontücher, CD-Player mit Partymusik

Vorbereitung:
Die Tücher werden als „Farbenfeuer" in die Kreismitte gelegt. Schalten Sie die Partymusik ein.

Arbeitsanleitung:
Die Kinder dürfen eine Party mit Zilly und Zingaro in der Hexendisco feiern und um ein buntes „Farbenfeuer" tanzen. Die Erzieherin reicht einem der Kinder während des Tanzens den Besen. Dieser muss schnell weitergegeben werden, denn sobald die Musik ausgeschaltet wird, bleiben alle still stehen. Wer hat den Besen? Das Kind, das am Ende den Besen hält, nimmt sich ein Tuch und setzt sich damit an den Rand. Während die anderen wieder zur Musik tanzen und den Besen weiterreichen, winken die Kinder mit den Tüchern zur Musik. Es wird so lange gespielt, bis ein Kind als Sieger übrig ist.

Variante 1:
Das Kind, das beim Musikstopp den Besen hält, darf bestimmen, wie die anderen sich bewegen sollen, sobald die Musik wieder einsetzt: hüpfen, krabbeln, schleichen ...

Variante 2:
Mit zwei Besen wird das Spiel lustiger und ausgeschiedene Kinder sind nicht so traurig, wenn sie sich zu zweit mit einem Tuch an den Rand setzen müssen.

Abrakadabra, Zingaro ist kein Kater (ab 3 Jahren)

Material:
1 Schuhkarton, alte Zeitschriften, Scheren, ggf. Tonkarton , Kleber, Buntstifte, weißes Papier in DIN A4

Vorbereitung:
Die Kinder bekommen die Aufgabe, Dinge oder Tiere aus den Zeitschriften auszuschneiden, die sie nachahmen können. Das können neben Tieren zum Beispiel Menschen, Fahrzeuge oder Haushaltsgegenstände sein. Die Bilder werden in den Schuhkarton gelegt.

Arbeitsanleitung:
Sprechen Sie den Zauberspruch und lassen dabei die Hände über dem Karton kreisen:
„Abrakadabra, Zingaro ist kein Kater. Verzaubert wird er, so wie wir, in – Hokuspokus – dieses hier.“
Nach „Hokuspokus“ heben Sie den Deckel hoch und holen ein Bild hervor. Alle Kinder ahmen nun die Szenen oder das Tier nach.
Dann rufen Sie laut: „Entzaubert!“ und die Kinder sind wieder sie selbst.
Sagen Sie gemeinsam mit den Kindern mehrfach den Zauberspruch auf, damit die Kinder diesen auswendig kennen und selbst die Spielleitung übernehmen können.

Erweiterung:
Die Bilder aus den Zeitschriften halten länger, wenn sie auf Tonkarton geklebt werden. Der Schuhkarton kann zusätzlich von den Kindern bunt gestaltet werden.

Variante:
Sie können die Kinder auch Bilder zu unterschiedlichen Themen malen lassen: Tiere, Zauberei, das Leben von Zilly und Zingaro, Fahrzeuge, Berufe, Gefühle …

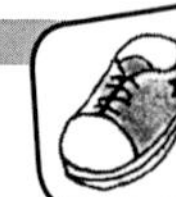

Zingaro fängt die Farben ein (ab 4 Jahren)

Material:
1 große Blech- oder Plastikdose, 1 Farbwürfel, Perlen in den Farben des Würfels, Wollfäden, Filzunterlage

Vorbereitung:
Knoten Sie an jede Perle einen Wollfaden.
Die Dose kann zusätzlich mit einem Bild von Zingaro (s. S. 33 oder S. 35) verschönert werden.

Arbeitsanleitung:
Erzählen Sie den Kindern, dass Zilly heute wieder viele Farben gezaubert hat. Zingaro möchte die Farben einfangen. Ein Kind spielt Kater Zingaro und erhält die Dose und den Würfel. Sechs weitere Kinder wählen jeweils eine Perle aus. Die Perlen werden auf die Filzunterlage in der Mitte des Tisches gelegt, dabei halten die Kinder jeweils das Ende des Wollfadens ihrer Perle fest. Würfelt Zingaro, so müssen die Kinder mit der angezeigten Farbe schnell ihre Perle wegziehen, denn Zingaro versucht, die Perle mit der Dose zu schnappen. Die anderen Perlen dürfen liegen bleiben. Wer gefangen wurde, scheidet aus und schaut den Rest des Spieles zu. Das Kind, das am Ende übrig bleibt, übernimmt die Rolle von Zingaro. Alle anderen Kinder dürfen eine neue Perle wählen.

Variante:
Sie können auch nur vier Farben auf dem Würfel wählen, bei denen Zingaro zuschnappt. Bei der fünften Farbe, zum Beispiel weiß, wird keine Perle gefangen. Bei der sechsten Farbe, zum Beispiel Schwarz, werden Perlen und Dose im Uhrzeigersinn weitergegeben.

Wie fühlst du dich? (ab 4 Jahren)

Material:
Vorlage „Gefühle-Memo-Spiel" (S. 56), für jedes Kind 1 Sitzkissen

Vorbereitung:
Kopieren Sie die Vorlage und schneiden Sie die einzelnen Kärtchen aus.

Arbeitsanleitung:

1. Setzen Sie sich mit den Kindern in einem gemütlichen Kreis zusammen. Erzählen Sie, dass Hexe Zilly für ihren Zingaro nur das Beste wollte, als sie ihm andere Farben in das Fell gezaubert hat. Fragen sie die Kinder, warum Zilly den Kater Zingaro verzaubert hat. Dann sollen die Kinder in Worte fassen, wie Zingaro sich dabei wohl gefühlt hat.
2. Erklären Sie: „Manchmal meint es jemand gut mit einem und man selbst fühlt sich dabei nicht glücklich." Die Kinder haben bestimmt Ideen zu solchen Situationen. Sie können auch Beispiele nennen wie „Du bist wütend, wenn du dich bettfertig machen sollst. Aber warum meint deine Mutter es gut mit dir?", oder „Wieso bekommst du kein zweites Eis, wenn du es doch so gern möchtest?"
3. Sammeln Sie anschließend mit den Kindern Lösungsideen, die negative Gefühle vertreiben oder abmildern können. „Was könntest du tun, wenn du traurig bist? Was, wenn du wütend bist?"
4. Verteilen Sie nun die Gefühlskärtchen in der Kreismitte. Nehmen Sie sich eine Karte, zeigen diese deutlich den Kindern, beschreiben die Emotion und nennen eine Situation, in der Sie dieses Gefühl erleben: „Ich bin glücklich, wenn die Sonne scheint.", oder „Ich bin traurig, wenn es regnet, obwohl der Regen es gut mit den Blumen meint." Die Karte bleibt vor Ihnen liegen.
   Wer mag, kann nun reihum eine Karte nehmen und dazu etwas erzählen. Sind alle Karten aufgebraucht, werden sie wieder in die Mitte gelegt.

Lernziel:
Die Kinder lernen, einander zuzuhören und das freie Erzählen wird geübt.
Es erfordert Mut, über seine Gefühle zu berichten!

Gefühle-Memo-Spiel (ab 4 Jahren)

Material:
Vorlage „Gefühle-Memo-Spiel" (S. 56), Tonpapier, Schere, Kleber, Laminiergerät und -folie

Arbeitsanleitung:
Kopieren Sie die Gefühlskarten zweimal, so erhalten Sie Paare für ein Memo-Spiel. Kleben Sie die Bilder zur Festigkeit auf Tonpapier und laminieren diese.
Beim Spiel wird jede Emotion benannt. Bei zwei unterschiedlichen Bildern heißt es zum Beispiel: „Zingaro ist wütend. Zingaro ist müde." Ist ein Paar aufgedeckt, wird auch benannt, wann man sich selbst so fühlt: „Zingaro ist fröhlich. Ich bin fröhlich, wenn mein großer Bruder Witze erzählt."
Wie auch beim herkömmlichen Memo-Spiel ist der Spieler Sieger, der die meisten Bildpaare ergattern konnte.

Kopiervorlage: Gefühle-Memo-Spiel